Macht hat, wer reden kann

Für meinen Bruder Henry

Macht hat, wer reden kann

Aphorismen, Pointen und Bonmots
für Manager

von Roland Leonhardt

HANSER

Umschlagabbildung:
Caravaggio, „Der heilige Matthäus und der Engel“,
Rom, Chiasa di San Luigi dei Francesci / © SCALA

Die Deutsche Bibliothek – CIP-Einheitsaufnahme
in Der Deutschen Bibliothek erhältlich.

Internet: http://www.hanser.de
Lektorat: Martin Janik
Technisches Lektorat: Lisa Hoffmann-Bäuml
Herstellung: Ursula Barche
Umschlaggestaltung: Peter-Andreas Hassiepen,
München
Satz: ChristLit, Eberhard Beckers, Bermoll
Druck und Bindung: Kösel, Kempten
Printed in Germany

ISBN 3-446-22096-8

Macht hat, wer reden kann

... aber wer kann schon wirkungsvoll reden, wer hat jemals reden gelernt? Und wer weiß mit Worten richtig umzugehen? Wohl die wenigsten von uns.

Gewiss hat jeder schon einmal eine Rede halten, ein Verkaufsgespräch erfolgreich führen, Verhandlungen lenken oder Konferenzen leiten müssen.
Jeder kennt daher die bangen Fragen:
Treffe ich auch das richtige Wort?
Finde ich den richtigen Ton?
Kann ich mich verständlich machen?
Kann ich mit meinem Vortrag das Auditorium überzeugen und für mich gewinnen?

Nicht selten geraten wir dabei in Verlegenheit, verlieren den Faden oder geraten gar ins Stocken.

Damit dies nicht geschieht und jede Rede den richtigen Schliff und Pfiff erhält, haben wir eine Auswahl der besten Aphorismen, Bonmots und Pointen zusammengestellt und sie in unterschiedliche Kapitel aufgeteilt, dem jeweils ein „Stichwort“ vorangeht.

Für jeden Anlass haben wir eine Reihe passender Zitate ausgewählt, mit der sie Ihre Rede würzen und Ihre Schlagfertigkeit unter Beweis stellen können. Ganz nach Wunsch können heitere oder ernste, witzige oder spitze Zitate ausgesucht werden. Immer werden Sie damit Aufmerksamkeit bei den Zuhörern erreichen.
Die „Kunst des Zitierens“ ist keine einfache Kunst, aber wer den Mut hat, die richtigen Worte zu setzen, der hat auch bald sein Vergnügen daran.
Und nicht zuletzt führen die begeisternde Rede, der verbesserte Stil und die besseren Argumente zum Erfolg.
Darum hat Macht, wer reden kann.
ROLAND LEONHARDT

Inhalt

Geschäftliches

Management

139 – 230

Persönliches

Geburtstage von Mitarbeitern sollte man genauso wichtig nehmen wie Lobreden.
Durch ein originelles Zitat lässt sich jede Geburtstagsrede auffrischen; aber auch ein witziges Bonmont, ein kluges Wort der Lebenskunst erfreuen nicht nur das Geburtstagskind.

Dass auch Lobreden nicht zu Standardreden verkümmern müssen, beweisen die beigefügten Worte in dem betreffenden Kapitel.
Je nach Motiv, Laune und Takt können ernste und nachdenkliche, aber auch heitere und witzige Zitate zu jedem Thema für Aufhellung sorgen.
Die Kunst der konstruktiven Kritik will gelernt sein. Versuchen Sie es einmal mit einem eingestreuten oder beiläufigen Zitat in Ihrer Rede.

Erwähnen Sie den berühmten Verfasser des Zitates – das gibt Ihrer Ausführung zusätzlich Gewicht und entschärft die angespannte Situation.

Mitarbeiter, die jahrelang dem Unternehmen „gedient“ haben, verdienen ein paar fantasievollere Worte mehr als nur die üblichen Dankesbekundungen. Deshalb sind in diesem Kapitel, wie auch in den nachfolgenden, eine Menge Weisheiten, Spitzfindigkeiten und erprobte Rezepte aus dem Alltag untergebracht.

Wer die Zitate richtig einzusetzen weiß, der liegt immer vorn und hat die Zuhörer auf seiner Seite.

Geburtstag der Mitarbeiter

Wenn wir nicht von vorne
anfangen, dürfen wir nicht
hoffen, weiterzukommen.
JOHANN GOTTFRIED SEUME

Ziel des Lebens ist
Selbstentwicklung.
Das eigene Wesen völlig
zur Entfaltung zu bringen,
das ist unsere Bestimmung.
OSCAR WILDE

Glückselig ist also ein Leben,
welches mit seiner Natur in
Einklang steht;
dies aber kann uns nicht
anders zuteil werden, als wenn
zuerst der Geist gesund und in
beständigem Besitz seiner
Gesundheit ist.
SENECA

Tausch nicht das Leben gegen den Traum. Besiegen kann man nur die *Wirklichkeit*.
SENECA

Es ist nichts als *Tätigkeit* nach einem bestimmten Ziel, was das Leben erträglich macht.
FRIEDRICH VON SCHILLER

Das *Alte* wird nie alt,
es wird nur alt das Neue.
FRIEDRICH RÜCKERT

Das Leben ist nie etwas, es ist nur die *Gelegenheit* zu einem Etwas.
FRIEDRICH HEBBEL

Du kannst dein Leben nicht verlängern, noch verbreitern, nur *vertiefen*.
GORCH FOCK

Weise *Lebensführung*
gelingt keinem Menschen
durch Zufall.
Man muss, solange man lebt,
lernen, wie man leben soll.
SENECA

Der Jugend wird oft der
Vorwurf gemacht, sie glaube,
dass die Welt mit ihr erst
anfange. Aber das Alter
glaubt noch öfter,
dass mit ihm die Welt
aufhöre.
FRIEDRICH HEBBEL

Das Glück deines Lebens
hängt von der *Beschaffenheit*
deiner Gedanken ab.
MARC AUREL

Die höchste *Aufgabe* des
Menschen ist zu wissen,
was einer sein muss,
um ein Mensch zu sein.
IMMANUEL KANT

Nicht in die ferne Zeit verliere
dich, den *Augenblick* ergreife.
Der ist dein!
FRIEDRICH VON SCHILLER

Das Glück besteht darin, in
dem zur Maßlosigkeit
neigenden Leben das rechte
Maß zu finden.
LEONARDO DA VINCI

Die *Hoffnung* dient dazu,
uns das Leben zu erwärmen,
zu erhellen.
LA ROCHEFOUCAULD

Mensch werden ist eine Kunst.
MENANDER

Gut vollbrachtes *Leben*
ist lang.
LEONARDO DA VINCI

Pflücke diesen *Tag*, als wäre er
der erste deines Lebens!
ROLAND LEONHARDT

Ich fühle, dass *Kleinigkeiten*
die Summe des Lebens
ausmachen.
CHARLES DICKENS

Es bleibt einem jeden
immer noch so viel *Kraft*,
das auszuführen,
wovon er überzeugt ist.
JOHANN WOLFGANG VON GOETHE

Das Erste und Wichtigste im
Leben ist, dass man sich selbst
zu *beherrschen* sucht.
WILHELM VON HUMBOLDT

In der Jugend lernt man,
im *Alter* versteht man.
MARIE VON EBNER-ESCHENBACH

Es ist nicht wenig *Zeit*, was
wir haben, sondern es ist viel,
was wir nicht nützen.
SENECA

Monde und Jahre vergehen
und sind auf immer vergangen,
aber ein schöner *Moment*
leuchtet das Leben hindurch.
FRANZ GRILLPARZER

Die gute *Laune* ist noch immer
der beste Regenschirm für die
trüben Lebenstage.
ROLAND LEONHARDT

Dasein ist köstlich, man muss
nur den *Mut* haben, sein
eigenes Leben zu führen.
PETER ROSEGGER

Leben heißt ja nichts anderes,
als aus den Wiederholungen
herauszutreten, das andere zu
suchen und zu wollen.
ROLAND LEONHARDT

Die Welt ist ein *Schauplatz*.
Du kommst, siehst und gehst
vorüber.
MATTHIAS CLAUDIUS

Reifer werden heißt schärfer
trennen, inniger verbinden.
HUGO VON HOFMANNSTHAL

Nicht der Tummelplatz des
Lebens – sein Gehalt bestimmt
seinen *Wert*.
FRIEDRICH VON SCHILLER

Es gibt in der Welt einen
einzigen *Weg*, welchen
niemand gehen kann außer dir.
Wohin er führt, frage nicht:
Gehe ihn!
FRIEDRICH NIETZSCHE

Das *Leben* wäre nicht des
Lebens wert, wenn das alles
gelten sollte, was zufällig gilt.
Alles Beste liegt jenseits davon.
Lerne dich daran zu freuen.
THEODOR FONTANE

Mit den Jahren steigern sich
die *Prüfungen*.
JOHANN WOLFGANG VON GOETHE

Mein wahres *Sein*
hängt nicht von der Rolle ab,
die ich spiele, sondern
von der Art, wie ich sie spiele.
JOHANN GOTTLIEB FICHTE

Unser *Leben* soll ein Steigen
sein von Hochebene zu
Hochebene, aber kein Fliegen
und Fallen ...
FRIEDRICH NIETZSCHE

Durch keine *Ursache* in der
Welt kann der Mensch
aufhören, ein frei handelndes
Wesen zu sein.
IMMANUEL KANT

Stärke und Schönheit sind
Vorzüge der Jugend,
des Alters Blüte aber ist die
Besonnenheit.
DEMOKRIT

Ich lebe für die *Gegenwart*!
SENECA

Wer jeden *Tag* so ordnet,
als wäre er sein ganzes Leben,
der wünscht weder
den folgenden,
noch fürchtet er ihn.
SENECA

Ich habe *glückliche Menschen*
kennen gelernt, die es nur sind,
weil sie ganz sind;
auch der Geringste,
wenn er ganz ist, kann glücklich
und in seiner Art vollkommen
sein.
JOHANN WOLFGANG VON GOETHE

Ich will in der *Überzeugung*
leben, ich sei für andere
geboren.
SENECA

Die *Zeit* ist das Wichtigste im
menschlichen Leben;
denn was ist die Freude nach
dem Verfliegen der Zeit?
WILHELM VON HUMBOLDT

In jedes *Lebensalter* treten wir
als Neulinge und ermangeln
darin der Erfahrung.
LA ROCHEFOUCAULD

Das *Leben* kann nur in
der Schau nach rückwärts
verstanden, aber muss
in der Schau nach vorwärts
gelebt werden.
SØREN KIERKEGAARD

Vom *Leben* muss man wie
vom Mahle fortspazieren,
dem Wirte danken und sein
Bündel schnüren.
VOLTAIRE

Je älter man wird, desto
törichter und *weiser* wird man.
LA ROCHEFOUCAULD

Erfahrung ist ein Anzug,
der mit den Jahren immer
besser passt.
AUS GROSSBRITANNIEN

Das Leben ist ein ewiges
Werden. Sich für geworden
halten, heißt töten.
FRIEDRICH HEBBEL

Die meisten Menschen sind so
glücklich, wie sie selber
beschließen *glücklich* zu sein.
ABRAHAM LINCOLN

Das *Leben* hat mich nicht
enttäuscht! Von Jahr zu Jahr
finde ich es vielmehr reicher,
begehrenswerter und
geheimnisvoller.
FRIEDRICH NIETZSCHE

Das *Leben* besteht nicht aus
siebzig Jahren, sondern die
siebzig Jahre bestehen aus
einem fortwehenden Leben,
und man hat allemal gelebt
und genug gelebt, man sterbe,
wann man will.
JEAN PAUL

Jedes *Jahrzehnt* des Menschen
hat sein eigenes Glück, seine
eigenen Hoffnungen und
Aussichten.
JOHANN WOLFGANG VON GOETHE

Fang jetzt an zu leben und
zähle jeden *Tag* als ein Leben
für sich.
SENECA

Das *Bewusstsein* eines
wohlverbrachten Lebens und
die Erinnerung vieler guter
Taten sind das größte Glück
auf Erden.
CICERO

Werde, was du noch nicht bist,
bleibe, was du jetzt schon bist;
in diesem Bleiben
und diesem *Werden*
liegt alles Schöne
hier auf Erden.
FRANZ GRILLPARZER

Lang leben will halt alles, aber
alt werden will kein *Mensch.*

JOHANN NESTROY

Es gibt nur wenig ganz außerordentliche Menschen, aber ein jeder hat einen *Zeitpunkt* des Lebens, wo er sich selbst übertrifft, und von diesem muss man Gebrauch machen.

CARL VON CLAUSEWITZ

Altwerden ist noch immer die einzige Möglichkeit lang zu leben.

HUGO VON HOFMANNSTHAL

Lass dich das Zukünftige nicht anfechten! Du wirst, wenn's nötig ist, schon hinkommen, getragen von derselben *Geisteskraft*, die dich das Gegenwärtige beherrschen lässt.

MARC AUREL

Man muss die *Musik* des
Lebens hören. Die meisten
hören nur die Dissonanzen.
THEODOR FONTANE

Die *Welt*, obgleich sehr
wunderlich, ist gut genug für
dich und mich.
WILHELM BUSCH

Das große und offene
Weltgeheimnis liegt in seiner
ganzen Schönheit und
Herrlichkeit vor uns
im Lichte des eben
gegenwärtigen Tages.
Freue dich, dass du in der Welt
bist und zu den Wundern
mitgehörst.
WILHELM RAABE

Nur wer mit Leichtigkeit, mit
Freude und *Lust* die Welt sich
zu erhalten weiß, der hält sie
fest.
BETTINA VON ARNIM

Mut, Freudigkeit und
Hoffnung sei das *Dreigestirn*,
das man nicht aus den Augen
lasse.
ERNST VON FEUCHTERSLEBEN

Ich lebe im *Anschauen*.
Dabei sind mir tausend Lichter
aufgegangen.
JOHANN WOLFGANG VON GOETHE

Wer meint, er habe die
Lebensaufgaben erledigt,
der ist erledigt.
OSCAR WILDE

Das *Leben* ist ein Spiel.
Man macht keine größeren
Gewinne, ohne Verluste zu
riskieren.
CHRISTINE VON SCHWEDEN

Das *Leben* lehrt uns,
weniger mit uns und andern
strenge zu sein.
JOHANN WOLFGANG VON GOETHE

Alt werden heißt sehend
werden.
MARIE VON EBNER-ESCHENBACH

Was für die Gegenwart zu gut
ist, ist gut genug für die
Zukunft.
MARIE VON EBNER-ESCHENBACH

Die ersten vierzig *Jahre*
unseres Lebens liefern
den Text, die folgenden dreißig
sind Kommentar dazu, der uns
den wahren Sinn und
Zusammenhang des Textes
nebst der Moral und allen
Feinheiten desselben erst recht
verstehen lernt.
ARTHUR SCHOPENHAUER

Das *Leben* gleicht einem Buche:
Toren durchblättern es flüchtig;
der Weise liest es mit Bedacht,
weil er weiß, dass er es nur
einmal lesen kann.
JEAN PAUL

Lobrede, Anerkennung für besondere Leistungen

In allen Augenblicken, wo wir
unser *Bestes* tun, arbeiten wir
nicht. Arbeit ist nur ein Mittel
zu diesen Augenblicken.
FRIEDRICH NIETZSCHE

Das *Außerordentliche*
geschieht nicht auf glattem,
gewöhnlichem Wege.
JOHANN WOLFGANG VON GOETHE

Die Natur gibt einem
Menschen die Fähigkeiten, und
das *Glück* bringt sie zur
Wirkung.
LA ROCHEFOUCAULD

Der kürzeste Weg zum *Ruhm*
ist – gut zu werden.
HERAKLIT

Courage ist gut, aber Ausdauer
ist besser.
THEODOR FONTANE

Wollt ihr etwas *Großes* leisten,
setzet euer Leben dran!
AUGUST VON PLATEN

Die großen *Taten* der
Menschen sind nicht die,
welche lärmen.
Das Große geschieht so
schlicht wie das Rieseln des
Wassers, das Fließen der Luft,
das Wachsen des Getreides.
ADALBERT STIFTER

Das meiste haben wir
gewöhnlich in der *Zeit* getan,
in der wir meinten,
zu wenig zu tun.
MARIE VON EBNER-ESCHENBACH

Talent ist spezifische,
Genie allgemeine Befähigung.
FRIEDRICH HEGEL

Man erkennt niemand an
als den, der uns nutzt.
Wir erkennen den Fürsten an,
weil wir unter seiner *Firma*
den Besitz gesichert haben.
JOHANN WOLFGANG VON GOETHE

Der Wunsch, das *Lob* zu
verdienen, das man uns erteilt,
steigert unsere Tugend, und das
Lob, das man Geist und Mut
und Schönheit gönnt,
hilft mit, sie zu erhöhen.
LA ROCHEFOUCAULD

Die Tat ist alles, nichts der
Ruhm.
JOHANN WOLFGANG VON GOETHE

Den guten *Steuermann* lernt
man erst im Sturme kennen.
SENECA

Siege, aber triumphiere nicht.
MARIE VON EBNER-ESCHENBACH

Ein Starker weiß mit seiner
Kraft hauszuhalten.
Nur der Schwache will über
seine *Kraft* hinaus wirken.
GEORG CHRISTOPH LICHTENBERG

Im *Mut* liegt der Erfolg.
THEODOR FONTANE

Niemand weiß,
wie weit seine *Kräfte* gehen,
bis er sie versucht hat.
JOHANN WOLFGANG VON GOETHE

Was können wir denn unser
Eigenes nennen als die *Energie*,
die Kraft, das Wollen!
JOHANN WOLFGANG VON GOETHE

Der *Ausgang* rechtfertigt
das Vollbrachte.
OVID

Nichts ist überzeugender
als der *Erfolg*.
LEOPOLD VON RANKE

Der *Ausgang* gibt den Taten
ihren Titel.
JOHANN WOLFGANG VON GOETHE

Der *Erfolg* erzeugt Erfolg,
wie Geld das Geld.
NICOLAS CHAMFORT

Es wächst der *Mensch*
mit seinen größern Zwecken.
FRIEDRICH VON SCHILLER

Zwischen *Wissen* und *Schaffen*
liegt eine ungeheure Kluft,
über die sich oft erst nach
harten Kämpfen
eine vermittelnde Brücke
aufbaut.
ROBERT SCHUMANN

Die Großen schaffen das
Große, die Guten das
Dauernde.
MARIE VON EBNER-ESCHENBACH

Fast alles Große in der Welt
ist durch das *Genie* und die
Festigkeit eines einzelnen
Mannes bewirkt worden,
der gegen die Vorurteile
der Menge ankämpfte
oder ihr welche beibrachte.
VOLTAIRE

Es gibt wenig Menschen,
die nicht den Wunsch haben,
von Zeit zu Zeit ihrer
Verdienste versichert zu
werden.
VAUVENARGUES

Damit ein *Ereignis* Größe hat,
muss zweierlei dazukommen:
Der große Sinn derer,
die es vollbringen, und
der große Sinn derer,
die es erleben.
FRIEDRICH NIETZSCHE

Es genügt nicht, gute geistige
Anlagen zu besitzen.
Die Hauptsache ist,
sie gut anzuwenden.
RENÉ DESCARTES

Die größte Angelegenheit
des Menschen ist, zu wissen,
wie er seine *Stellung* in der
Schöpfung gehörig erfülle.
IMMANUEL KANT

Ausdauer und
Entschlossenheit
sind zwei Eigenschaften,
die bei jedem Unternehmen
den Erfolg sichern.
LEO TOLSTOI

Erfolg sollte stets
nur die Folge,
nie das Ziel
des Handelns sein.
GUSTAVE FLAUBERT

Erfolg besteht darin,
dass man genau
die *Fähigkeiten* hat,
die im Moment gefragt sind.
HENRY FORD

Denn das *Bessere* vollbringt
immer auch eine bessere
Leistung.
ARISTOTELES

Alles kann der *Edle* leisten, der
versteht und rasch ergreift.
JOHANN WOLFGANG VON GOETHE

Es ist das Zeichen einer
außerordentlichen *Leistung*,
dass selbst die größten Neider
sie loben müssen.
LA ROCHEFOUCAULD

Achtung verdient, wer erfüllt,
was er vermag.
SOPHOKLES

Der eine wartet, dass die *Zeit*
sich wandelt, der andre packt
sie kräftig an und handelt.
DANTE ALIGHIERI

Nicht eher an die
Ausarbeitung gehen,
als bis man mit der ganzen
Anlage zufrieden ist,
das gibt Mut und
erleichtert die Arbeit.
GEORG CHRISTOPH LICHTENBERG

Originalität muss man haben,
nicht danach streben.
FRIEDRICH HEBBEL

Wahrhaft *Großes* zu leisten
ist nur dem in sich ganz
gesammelten und
abgeschlossenen Gemüt
möglich.
CARL MARIA VON WEBER

Gleiche Leistungen können
mit verschiedener
Kraftanstrengung und
verschiedenen
Willensanspannungen
erzielt werden; das eine ist vom
anderen unabhängig.
MICHEL DE MONTAIGNE

Wem viel gegeben ist,
der hat auch viel zu *leisten*.
JOHANN GOTTFRIED VON HERDER

Wer etwas *Großes* leisten will,
muss tief eindringen, scharf
unterscheiden,
vielseitig verbinden und
standhaft beharren.
FRIEDRICH VON SCHILLER

Wenn man es zu etwas bringen
will, so muss man seinen
ganzen Menschen
dafür hingeben.
PAULA MODERSOHN-BECKER

In allen Dingen ist der rechte *Augenblick* für den Erfolg entscheidend.
MENANDER

Ich glaube, dass nur der erfolgreich ist, der seine *Handlungsweise* mit dem Zeitgeist in Einklang bringt.
NICCOLÒ MACHIAVELLI

Zu einem großen Mann gehört beides: *Kleinigkeiten* als Kleinigkeiten und wichtige Dinge als wichtige Dinge behandeln.
GOTTHOLD EPHRAIM LESSING

Der *Erfolg* der meisten Dinge hängt davon ab, dass man weiß, wie lange es dauern wird, bis sie gelingen.
MONTESQUIEU

Nur der ist erfolgreich in seinem Geschäft, der von der Tätigkeit leben kann, die ihm die größte *Freude* bereitet.
HENRY DAVID THOREAU

Ohne *Begeisterung*, welche die Seele mit einer großen, gesunden Wärme erfüllt, wird nie etwas Großes zustande gebracht werden.
ADOLPH VON KNIGGE

Ein guter *Kopf* weiß alles zu benutzen.
WILLIAM SHAKESPEARE

Wer schaffen will, muss *fröhlich* sein.
THEODOR FONTANE

An kleinen *Dingen* muss man sich nicht stoßen, wenn man zu großen auf dem Wege ist.
FRIEDRICH HEBBEL

Man kann nicht *bergauf*
kommen, ohne bergan
zu gehen.
MATTHIAS CLAUDIUS

Wie wenig ist am *Ende* der
Bahn daran gelegen,
was wir erlebten,
und wie unendlich viel,
was daraus hervorging.
WILHELM VON HUMBOLDT

Der Mensch kann und muss wissen: Das Glück seines Lebens liegt nicht in der Erreichung eines vor ihm stehenden Zieles, sondern in der *Bewegung* um des höchsten, ihm zugänglichen Zieles willen.
LEO TOLSTOI

Das erreichte Ziel bringt uns selten volle Befriedigung, unser bester Lohn liegt im *Streben.*
FRIEDRICH VON BODENSTEDT

Der Trieb zum Arbeiten,
zu schaffenden *Leistungen*
ist so hohen Ursprungs wie die
Liebe und lässt sich
ebenso wenig erzwingen.
CARL MARIA VON WEBER

Leiste deinen *Zeitgenossen*, was
sie bedürfen, nicht,
was sie loben.
FRIEDRICH VON SCHILLER

Die Hand, die dem *Intellekt*
folgt, kann Leistungen
vollbringen.
MICHELANGELO

Das *Produzieren* ist alles,
der Ruhm ist nur die
Austernschale.
RICHARD WAGNER

Doch der den *Augenblick*
ergreift, der ist der rechte
Mann.
JOHANN WOLFGANG VON GOETHE

Um fremden *Wert*
willig und frei anzuerkennen
und gelten zu lassen,
muss man eigenen haben.
WILLIAM SHAKESPEARE

Einfaches *Handeln*,
folgerecht durchgeführt,
wird am sichersten das Ziel
erreichen.
HELMUTH GRAF VON MOLTKE

Lob ist die einzige Kraft, die
uns zu edlen Handlungen
antreibt und Ausdauer dafür
verleiht.
JEAN DE LA BRUYÈRE

Kräftige Charaktere ruhen sich
in Extremen aus.
NICOLAS CHAMFORT

Bereit sein ist alles.
WILLIAM SHAKESPEARE

Es ist viel mehr wert,
jederzeit die *Achtung* der
Menschen zu haben,
als gelegentlich ihre
Bewunderung.
JEAN-JACQUES ROUSSEAU

Wenn der *Mensch*
alles leisten soll,
was man von ihm fordert,
so muss er sich für mehr
halten.
JOHANN WOLFGANG VON GOETHE

Der kommt am weitesten,
der anfangs selbst nicht weiß,
wie weit er kommen werde,
dafür aber jeden Umstand,
den ihm die Zeit gewährt, nach
festen *Maßregeln* gebraucht.
JOHANN GOTTFRIED VON HERDER

Beförderung

Das Wissen muss ein *Können* werden.
CARL VON CLAUSEWITZ

Geringfügige Chancen sind schon oft der Beginn großer *Unternehmungen* geworden.
DEMOSTHENES

Für das Können gibt es nur einen Beweis: *das Tun.*
MARIE VON EBNER-ESCHENBACH

Jeder *Mensch* kann alles – aber er muss auch zu allem bereit sein.
ALMA MAHLER-WERFEL

Nicht was der Mensch ist, was
er tut, ist sein unverlierbares
Eigentum.
FRIEDRICH HEBBEL

Die vielen können nichts,
der *Einzige* kann alles.
CARL SPITTELER

Konkurrenz, die aus Neid
entspringt, ist etwas ganz
anderes als die Bemühung, sein
Bestes zu tun, um,
aus gegenseitiger Achtung,
die Arbeit so gut wie möglich
zu machen.
VINCENT VAN GOGH

Ich kann die *Zeit* nicht
erwarten, dass ich etwas kann.
PAULA MODERSOHN-BECKER

Der *Ehrgeiz* ist für die Seele,
was der Hunger für den
Leib ist.
LUDWIG BÖRNE

Dieser Erdenkreis gewährt
noch Raum zu großen *Taten*.
JOHANN WOLFGANG VON GOETHE

Man kann es auf zweierlei Art
zu etwas bringen: durch
eigenes *Können* oder durch die
Dummheit der anderen.
JEAN DE LA BRUYÈRE

Wer alles kann, kann nur das
wollen, was gut ist.
JEAN-JACQUES ROUSSEAU

Es bildet ein Talent sich in der
Stille, sich ein *Charakter* in dem
Strom der Welt.
JOHANN WOLFGANG VON GOETHE

Man muss *etwas sein,*
um etwas zu machen.
JOHANN WOLFGANG VON GOETHE

Das Talent arbeitet,
das *Genie* schafft.
ROBERT SCHUMANN

Geist und *Talent* verhalten
sich zueinander wie das Ganze
zu seinem Teil.
JEAN DE LA BRUYÈRE

Eine *Chance* zu sehen
ist keine Kunst.
Die Kunst ist, eine Chance
als Erster zu sehen.
BENJAMIN FRANKLIN

Im Entwurf zeigt sich
das *Talent*, in der Ausführung
die Kunst.
MARIE VON EBNER-ESCHENBACH

Es gibt unter den Menschen
teils einen unmäßigen *Ehrgeiz*,
teils einen maßvollen und
vernünftigen.
ARISTOTELES

Anstrengungen machen
gesund und stark.
MARTIN LUTHER

Unsere Talente sind unsere
treuesten *Beschützer.*
VAUVENARGUES

Der *Charakter* eines
Menschen ist der Quellgrund
seines Schicksals.
Jeder gestaltet durch seine
Wesensart, seine Denk-
und Tatrichtung sein Glück
oder Unglück.
HERAKLIT

Die *Klugen* nur erringen
überall den Sieg.
SOPHOKLES

Die Anstrengung fordert die
Besten.
SENECA

Es ist schön, unter
angesehenen Männern
hervorzustechen.
SENECA

Jeder *Mensch* gilt in dieser
Welt nur so viel, als wozu er
sich selbst macht.
ADOLPH VON KNIGGE

Kein Weg ist zu lang für den,
der langsam und ohne Eile
vorwärts schreitet;
kein lockendes Ziel liegt zu fern
für den, der sich mit *Geduld*
rüstet.
JEAN DE LA BRUYÈRE

Lass die *Welt* ihren Gang tun,
wenn er nicht aufgehalten
werden kann, wir gehen den
unsern.
FRIEDRICH HÖLDERLIN

Man muss eben den ganzen
Menschen der einen, ureinzigen
Sache widmen.
Das ist der *Weg*, wie etwas
werden kann und wird.
PAULA MODERSOHN-BECKER

Das Schönste ist, *gerecht* zu
sein, das Beste die Gesundheit;
das Angenehmste, wenn man
immer erreicht, was man will.
SOPHOKLES

Der *Wille* bestimmt die
Bewegung.
OSWALD SPENGLER

Guter *Wille* ist höher als aller
Erfolg.
JOHANN WOLFGANG VON GOETHE

Im Menschen wird der Wille
eine *Kraft,* die ihm
eigentümlich ist und
die an Intensität die aller
übrigen Spezies übertrifft.
HONORÉ DE BALZAC

Wer will, ist dem nicht alles
möglich?
JOHANN WOLFGANG VON GOETHE

Man soll seinen Weg nur ruhig fortgehn, die *Tage* bringen das Beste wie das Schlimmste.

JOHANN WOLFGANG VON GOETHE

Zu wollen ist zu wenig: Du musst begehren, dich der Sache zu *bemächtigen*.

OVID

Zur *Weggenossenschaft* gehören beide Gaben, nicht bloß ein gleiches Ziel, auch gleichen Schritt zu haben.

FRIEDRICH RÜCKERT

Das schwere Leben ist am leichtesten zu ertragen, wenn man sich schwere *Aufgaben* stellt.

PETER ROSEGGER

Der Erfolg eines Menschen ist immer im Grundgefüge seiner *Persönlichkeit* begründet.

RALPH WALDO EMERSON

Neigung und Schicksal weisen
den Weg, den wir wählen
sollen, aber wir müssen uns
immer mit guter *Absicht*
bemühen.
LEO TOLSTOI

Nicht über das *Ziel*
geht man mit sich zu Rate,
sondern einzig über die Wege,
die zum Ziele führen.
THOMAS VON AQUIN

Ob jemand sich bewährt,
hängt nicht nur von seinem
Tun, sondern auch von seinen
Absichten ab.
DEMOKRIT

Wer dauerhaften Erfolg will,
muss sein *Vorgehen* ständig
ändern.
NICCOLÒ MACHIAVELLI

Der *Erfolg* bietet sich
meist denen, die mutig
handeln; nicht denen,
die alles abwägen und
nichts wagen wollen.
HERODOT

Seinen eigenen *Weg* zu
verfolgen bleibt immer das
Vorteilhafteste:
Denn dieser hat das Glückliche,
uns von Irrwegen wieder auf
uns selbst zurückzuführen.
JOHANN WOLFGANG VON GOETHE

Kritik

Glücklich sind diejenigen,
die erfahren, was man an ihnen
aussetzt, und die sich
danach *verbessern* können.
WILLIAM SHAKESPEARE

Kritik ist die Steuer,
die ein Mensch der
Öffentlichkeit entrichtet,
damit sie ihm erlaubt,
außergewöhnlich zu sein.
JONATHAN SWIFT

Der gnädigste von allen
Richtern ist der *Kenner.*
FRIEDRICH VON SCHILLER

Die Kritik ist eine methodische
Übung der *Urteilskraft.*
JOSEPH JOUBERT

Die höchste wie die niedrigste
Form von Kritik ist eine
Art *Autobiographie.*
Oscar Wilde

Niemand ist mehr Fehlern
ausgesetzt, als wer nur aus
Überlegung handelt.
Vauvenargues

Was gibt es *Menschliches,*
das ohne Fehler wäre?
Jean-Jacques Rousseau

Liebe deine Feinde, denn
sie sagen dir deine *Fehler.*
Benjamin Franklin

Die *Mängel* aufdecken ist
nicht genug; ja man hat
Unrecht, solches zu tun,
wenn man nicht zugleich
das Mittel zu dem besseren
Zustande anzugeben weiß.
Johann Wolfgang von Goethe

Für mich gibt es nur ein Mittel,
um die Achtung vor mir selbst
nicht einzubüßen:
fortwährende *Kritik*.
CHRISTIAN MORGENSTERN

Eine *Verbesserung* erfindet nur
der, welcher zu fühlen weiß:
„Dies ist nicht gut."
FRIEDRICH NIETZSCHE

Man sollte seine *Arbeit*
gern denen vorlesen,
die genug davon verstehen,
um sie zu verbessern und
zu schätzen.
JEAN DE LA BRUYÈRE

Du musst täglich deinen
Feldzug gegen dich selbst
führen.
FRIEDRICH NIETZSCHE

Man muss sich täglich
Rechenschaft ablegen.
SENECA

Hindernisse überwinden ist
der Vollgenuss des Daseins.
ARTHUR SCHOPENHAUER

Ich bin dankbar für die
schärfste *Kritik*, wenn sie nur
sachlich bleibt.
OTTO VON BISMARCK

Das Wort *Schwierigkeit* muss gar
nicht für einen Menschen
von Geist als existent gedacht
werden. Weg damit!
GEORG CHRISTOPH LICHTENBERG

Alle *Kritik* ist an sich
unfruchtbar, wenn sie sich mit
der bloßen Negation begnügt,
ohne zugleich produktiv und
gleichsam weissagend in eine
neue Ära hinüberzugreifen.
JOSEPH VON EICHENDORFF

Ein Übermaß von *Kritik*
zeugt von Unverständnis.
GUSTAVE FLAUBERT

Ehe man tadelt, sollte man
immer erst versuchen, ob man
nicht *entschuldigen* kann.
GEORG CHRISTOPH LICHTENBERG

Durch das Vergrößerungsglas
betrachtet man die *Vorzüge*
derer, die man liebt,
und die Fehler derer, die man
nicht liebt.
JOHANN GOTTFRIED VON HERDER

Es gibt *Leute*, die nur
aus dem Grunde in jeder
Suppe ein Haar finden,
weil sie, wenn sie davorsitzen,
so lange den Kopf schütteln,
bis eins hineinfällt.
FRIEDRICH HEBBEL

Nur wenige Menschen sind
klug genug, hilfreichen *Tadel*
nichtssagendem Lob
vorzuziehen.
LA ROCHEFOUCAULD

Es irrt der *Mensch*,
solang er strebt.
JOHANN WOLFGANG VON GOETHE

Bitter ist der *Tadel*, aus dem wir mit dem besten Willen keinen Nutzen ziehen können.
MARIE VON EBNER-ESCHENBACH

Die *Ratschläge*, die man für die weisesten hält, sind unserer Lage am wenigsten angemessen.
VAUVENARGUES

Die *Notwendigkeit* aber ist der beste Ratgeber.
JOHANN WOLFGANG VON GOETHE

Jeder *Irrtum* hat drei Stufen; auf der ersten wird er ins Dasein gerufen, auf der zweiten will man ihn nicht eingestehen, auf der dritten macht nichts ihn ungeschehen.
FRANZ GRILLPARZER

Im Lobe ist mehr
Zudringlichkeit als im Tadel.
FRIEDRICH NIETZSCHE

Es ist unvermeidlich, dass
jeder Mensch *Dummheiten*
ausspricht. Unheil wird nur
angerichtet, wenn es absichtlich
geschieht.
MICHEL DE MONTAIGNE

Der Gescheitere gibt nach!
Eine traurige Wahrheit; sie
begründet die Weltherrschaft
der *Dummheit*.
MARIE VON EBNER-ESCHENBACH

Wer sich schont, muss sich
selbst *verdächtig* werden.
JOHANN WOLFGANG VON GOETHE

Widerwärtigkeiten sind Pillen,
die man schlucken muss – und
nicht kauen.
GEORG CHRISTOPH LICHTENBERG

Wenn ich die *Meinung* eines anderen anhören soll, so muss sie positiv ausgesprochen werden; Problematisches habe ich in mir selbst genug.
JOHANN WOLFGANG VON GOETHE

Wenn man einen falschen *Weg* einschlägt, verirrt man sich umso mehr, je schneller man geht.
DENIS DIDEROT

Der *Irrtum* wiederholt sich immerfort in der Tat, deswegen muss man das Wahre unermüdlich in Worten wiederholen.
JOHANN WOLFGANG VON GOETHE

In dem ganzen Bereich menschlicher *Schuld* gibt es nur eine unverzeihliche: nicht verzeihen können.
MARIE VON EBNER-ESCHENBACH

Es dürfte keine *Irrtümer* geben, die, klar ausgedrückt, nicht von selbst zergingen.
VAUVENARGUES

Wir leben in einer Zeit, wo wir einander viel *verzeihen* müssen.
JOHANN WOLFGANG VON GOETHE

Viele Leute glauben, wenn sie erst einen *Fehler* eingestanden haben, brauchen sie ihn nicht mehr abzulegen.
MARIE VON EBNER-ESCHENBACH

Der Drang eines Flusses zum Meer ist nicht so kraftvoll wie der des Menschen zum *Fehler.*
VOLTAIRE

Man sollte uns wenigstens die *Fehler* verzeihen, die ohne unser Missgeschick keine wären.
VAUVENARGUES

Jubiläum/ Betriebszugehörigkeit

Die Natur hat uns Menschen
für das *Zusammenleben*
geschaffen.
MICHEL DE MONTAIGNE

Ich habe stets beobachtet,
dass man, um *Erfolg* in der
Welt zu haben,
närrisch scheinen und
weise sein muss.
MONTESQUIEU

Man hat einen zu guten oder
einen zu schlechten *Ruf*;
nur den Ruf hat man nicht,
den man verdient.
MARIE VON EBNER-ESCHENBACH

Fast niemand bemerkt
vor sich selber das *Verdienst*
eines anderen.
JEAN DE LA BRUYÈRE

Doch meine *Verdienste*, die
bleiben im Stillen.
FRIEDRICH VON SCHILLER

Aber *Glück* hat auf die Dauer
doch zumeist wohl nur der
Tüchtige.
HELMUTH VON MOLTKE

Alle Gelegenheit,
glücklich zu werden,
hilft nichts, wer den *Verstand*
nicht hat, sie zu nutzen.
JOHANN PETER HEBEL

Arbeit, Arbeit!
Wie glücklich fühle ich mich,
wenn ich arbeite!
LEO TOLSTOI

Fähigkeiten sind nichts ohne Möglichkeiten.
NAPOLEON BONAPARTE

Fleiß und *Talent*: ohne beide ist man nie ausgezeichnet, jedoch in höchstem Grade, wenn man sie in sich vereint.
BALTHASAR GRACIÁN

Ich *kann*, weil ich will, was ich muss.
IMMANUEL KANT

Vom Fleißigen ist immer viel zu lernen, doch zu beseligen vermag nur *Größe*.
CHRISTIAN MORGENSTERN

Niemand darf sich, außer des Eigenen, *rühmen*.
SENECA

Das *Echte* bleibt der Nachwelt unverloren.
JOHANN WOLFGANG VON GOETHE

Treue üben ist Tugend,
Treue erfahren ist Glück.
MARIE VON EBNER-ESCHENBACH

Die *Arbeit* ist der Preis,
für den man den Ruhm erkauft:
Was wenig kostet,
ist wenig wert.
BALTHASAR GRACIÁN

Zwei Dinge verleihen der Seele
am meisten Kraft:
Vertrauen auf die Wahrheit und
Vertrauen auf sich selbst.
SENECA

Wir sind nicht auf der Welt,
um zu genießen und glücklich
zu sein, sondern unsere
Schuldigkeit zu tun.
OTTO VON BISMARCK

Führe dein *Geschäft* oder es
wird dich führen.
BENJAMIN FRANKLIN

Sind wir nicht denen, die uns
die Mittel zu unserer
Belehrung verschaffen,
eine gleiche Dankbarkeit
schuldig wie denen, die uns das
Leben gegeben haben?
FRIEDRICH DER GROSSE

Klugheit betrachtet die Wege
zur Glückseligkeit, Weisheit
aber betrachtet den Inbegriff
der *Glückseligkeit* selbst.
THOMAS VON AQUIN

Wer leben will,
der muss was *tun*.
WILHELM BUSCH

Die *Jahre* fliehen
pfeilgeschwind.
FRIEDRICH VON SCHILLER

In jede hohe Freude mischt
sich eine Empfindung der
Dankbarkeit.
MARIE VON EBNER-ESCHENBACH

Nichts ist schneller als
die *Jahre.*
Ovid

Die *Jahre* lehren viel, was die
Tage niemals wissen.
Ralph Waldo Emerson

Das *Wirkende* ist immer
wertvoller als das, was eine
Wirkung erfährt.
Aristoteles

Memoiren werden in der Regel
von Leuten geschrieben,
die entweder ihr
Erinnerungsvermögen verloren
oder nichts getan haben,
das der Erinnerung wert wäre.
Oscar Wilde

Da, wo du stehst, da, wo du
bleibst, wirke, was du kannst,
sei tätig und gefällig, und lass
dir die *Gegenwart* heiter sein.
Johann Wolfgang von Goethe

Wie wenig ist am Ende der *Lebensbahn* daran gelegen, was wir erlebten, und wie unendlich viel, was wir daraus machten.

WILHELM VON HUMBOLDT

Wer Thron und Kron begehrt, persönlich sei er solcher *Ehren* wert!

JOHANN WOLFGANG VON GOETHE

Man ist viel wert in der Welt, wenn man sein *Fach* versteht!

ADOLPH VON KNIGGE

Um in der Welt *Erfolg* zu haben, braucht man Tugenden, die beliebt, und Fehler, die gefürchtet machen.

JOSEPH JOUBERT

Tätigkeit ist der wahre Genuss des Lebens, ja das Leben selbst.

AUGUST WILHELM VON SCHLEGEL

Man erreicht nichts mit seiner Intelligenz, wenig mit seinem Geist, alles mit seinem *Charakter.*

NICOLAS CHAMFORT

Der Mann muss hinaus ins feindliche Leben, muss wirken und streben und pflanzen und schaffen, erlisten, erraffen, muss wetten und wagen, das Glück zu *erjagen.*

FRIEDRICH VON SCHILLER

Was wäre wohl aus der Welt geworden, wenn alle zum Mitschaffen Aufgerufenen immer gleich „schnurstracks" auf ihr Ziel losgegangen wären. Alle Weisheit ist langsam, alles *Schaffen* ist umständlich.

CHRISTIAN MORGENSTERN

Kein *Werk* ist zu niedrig, das aus Liebe getan wird.

ACHIM VON ARNIM

Nur wer wirklich was schafft,
hat ein Recht, darüber zu *reden.*
THEODOR FONTANE

Es ist viel mehr wert, jederzeit die *Achtung* der Menschen zu haben, als gelegentlich ihre Bewunderung.
JEAN-JACQUES ROUSSEAU

Das Leben gab dem Sterblichen nichts ohne große *Arbeit.*
HORAZ

Nichts gibt es auf der ganzen Welt, das *Bestand* hätte. Alles fließt.
OVID

Verabschiedung in den Ruhestand

Wenn man seine *Ruhe* nicht in
sich findet, ist es zwecklos,
sie anderswo zu suchen.
LA ROCHEFOUCAULD

Müßig gehen, wenn man's
recht vesteht, ist schwerer,
als man denken sollte.
CHRISTIAN FÜRCHTEGOTT GELLERT

Es ist wichtiger, wie der
Mensch sein *Schicksal* nimmt,
als wie sein Schicksal ist.
WILHELM VON HUMBOLDT

Wie zahlreich sind doch die
Dinge, derer ich nicht bedarf!
SOKRATES

Es bleibt der letzte und allgemeine Maßstab für den Wert eines Menschen, ob er auch der Andacht fähig ist, ob er seine Gedanken vom Staub des Werktages losmachen und eine *Feiertagsstille* in sich erzeugen und würdig genießen kann.
PAUL VON HEYSE

Je älter ich werde, umso lebendiger werden meine *Erinnerungen.* Und erstaunlicherweise erinnere ich mich nur an das Freudige und Gute, und ich genieße die Erinnerung nicht weniger, bisweilen sogar mehr als seinerzeit die Wirklichkeit. Was hat das zu bedeuten: dass nichts vergeht, nichts künftig sein wird, sondern alles ist.
LEO TOLSTOI

Die Ruhe ist die natürliche
Stimmung eines wohl geregelten,
mit sich selbst einigen
Herzens.
WILHELM VON HUMBOLDT

Durch Ruhe und *Geradheit*
geht doch alles durch.
JOHANN WOLFGANG VON GOETHE

Ruhe und *Freiheit* sind die
größten Güter.
LUDWIG VAN BEETHOVEN

Sehet zu, Kinder, dass ihr
eine *Muße* zu etwas Gutem
anwendet!
PLATON

Arbeit und *Ruhe* gehören
zusammen wie Auge und Lid.
RABINDRANATH TAGORE

Ruhe ist die allerstärkste
Beschäftigung.
CHRISTINE VON SCHWEDEN

Alter und *Jugend* sind gar nicht so verschieden, und es ist eine falsche Ansicht, das Alter als ein Vergehen, ein Abnehmen zu betrachten. Es ist nur eine andere Art zu sein.

WILHELM VON HUMBOLDT

Kein seligerer Traum, kein beglückenderes Ereignis als *Ruhe*, stille Ruhe im Dasein.

BETTINA VON ARNIM

Es liegt das *Glück* aber nicht in den Dingen, sondern in der Art und Weise, wie sie zu unseren Augen, zu unseren Herzen stimmen.

JEREMIAS GOTTHELF

Gar nichts tun, das ist die allerschwierigste *Beschäftigung*, und zugleich diejenige, die am meisten Geist voraussetzt.

OSCAR WILDE

Schnell gefundenes *Glück* ist
niemals fest gegründet,
denn selten ist es ein Werk
des Verdienstes.
Die Früchte der Arbeit und der
Klugheit reifen langsam.
VAUVENARGUES

Die Zeit bringt Rat, sie wird die
Sache *reifen*.
ADALBERT VON CHAMISSO

Ruhe und *Muße* sind für Geld
nicht zu kaufen.
CHINESISCHES SPRICHWORT

Die Pose vieler Arbeitsamen. –
Sie erkämpfen durch ein
Übermaß von *Anstrengung* sich
freie Zeit und wissen nachher
nichts mit ihr anzufangen, als
die Stunden abzuzählen, bis sie
abgelaufen sind.
FRIEDRICH NIETZSCHE

Sich ruhig *ertragen*,
ohne voreilig zu sein,
so leben, wie man muss,
nicht sich hündisch umlaufen.
FRANZ KAFKA

Ruhe ist Glück, wenn sie ein
Ausruhen ist.
LUDWIG BÖRNE

Je weniger *Bedürfnisse*, desto
glücklicher, ist eine alte, aber
sehr verkannte Wahrheit.
GEORG CHRISTOPH LICHTENBERG

Glück liegt in der Freude des
Erreichten und im Erlebnis der
kreativen Bemühungen.
FRANKLIN D. ROOSEVELT

Unser *Lebensweg* steht auf
beiden Seiten so voll
Bäumchen und Ruhebänkchen,
dass ich mich wundere, wenn
einer müde wird.
JEAN PAUL

Wir besitzen von der
Vergangenheit nur das,
was wir lieben.
RAINER MARIA RILKE

Weder kann die Welle,
die vorbei ist, zurückgerufen
werden, noch kann die Stunde,
die *entschwunden* ist,
zurückkehren.
OVID

Das *Leben* ist kurz,
die Kunst lang, die Gelegenheit
vorübergehend, die Erfahrung
verräterisch, die Beurteilung
schwierig.
HIPPOKRATES

Lass das *Vergangene*
vergangen sein.
JOHANN WOLFGANG VON GOETHE

Lass mich der neuen *Freiheit*
genießen.
FRIEDRICH VON SCHILLER

Man sichert sich die *Zukunft*,
wenn man die Vergangenheit
ehrt.

KAISERIN AUGUSTA

Man muss die *Zeit* nutzen:
Schnellen Fußes vergeht
die Zeit.

OVID

Klatscht Beifall, Freunde,
die *Komödie* ist zu Ende!

KAISER AUGUSTUS

Beachte immer, dass nichts
bleibt, wie es ist, und denke
daran, dass die Natur immer
wieder ihre *Formen* wechselt.

MARC AUREL

Das *Leben* verliefe viel
glücklicher, wenn wir mit 80
geboren werden könnten und
uns langsam auf die 18
zubewegten.

MARK TWAIN

Das *Leben* ist wie ein
geschicktes Zahnausziehen.
Man denkt immer, das
Eigentliche solle erst kommen,
bis man plötzlich sieht,
dass alles vorbei ist.
OTTO VON BISMARCK

Der Mensch tritt in jedes *Alter*
als Novize ein.
NICOLAS CHAMFORT

Wenn wir aufhören, lebhaft zu
hoffen, fangen wir an,
uns lebhaft zu *erinnern.*
MARIE VON EBNER-ESCHENBACH

Beim *Abschied* wird die
Zuneigung zu den Sachen, die
uns lieb sind,
immer ein wenig wärmer.
MICHEL DE MONTAIGNE

Veränderung ist das Salz des
Vergnügens.
FRIEDRICH VON SCHILLER

Dass du nicht *enden* kannst,
das macht dich groß.
JOHANN WOLFGANG VON GOETHE

Strebe nach *Ruhe*, aber durch
das Gleichgewicht, nicht durch
den Stillstand deiner Tätigkeit.
FRIEDRICH VON SCHILLER

Bei dem größten *Verlust*
müssen wir zugleich
umherschauen, was uns zu
erhalten übrig bleibt.
JOHANN WOLFGANG VON GOETHE

Alle Lebewesen außer dem
Menschen wissen,
dass der Hauptzweck des
Lebens darin besteht,
es zu *genießen*.
SAMUEL BUTLER

Die Jugend ist die Zeit,
Weisheit zu lernen, das Alter die
Zeit, sie auszuüben.
JEAN-JACQUES ROUSSEAU

Geschäftliches

Auf den neuen Chef ist man häufig gespannt. Da erwartet man schon bei der Antrittsrede deutliche Akzente, die aufhorchen lassen.

Aber auch bei der Begrüßung neuer Mitarbeiter sollte man Originalität und Stil nicht fehlen lassen. Soll doch der/die Neue von Anfang an Mut und Zuspruch erfahren.

Im täglichen Umgang miteinander zeigt sich oft die routinemäßige Wortwahl. Dabei würde schon eine kleine humorvolle Bemerkung die Stimmung heben und die Laune fördern. In dem Kapitel „Kommunikation“ finden Sie zahlreiche Anregungen dazu.
Bei einer Konferenz zählt der geistreiche Einfall, die passende Pointe,

um die Aufmerksamkeit auf das Thema zu lenken. Tischreden verlangen dagegen Fingerspitzengefühl und eine sorgsame Vorbereitung.
Die vorliegende Auswahl wohldosierter Worte hilft dabei, sich als geistreicher Gastgeber zu präsentieren.

Bei Firmenjubiläen fällt die „Qual der Worte" oft besonders schwer. Meist wird um die richtigen Worte bis zuletzt gerungen. Würzen Sie Ihre Rede doch einmal mit einem Zitat berühmter Menschen oder historischer Persönlichkeiten. Der Überraschungseffekt ist Ihnen fast immer sicher.

Mit Zitaten geizen sollte man auch nicht in der Öffentlichkeitsarbeit. Gerade in diesem Bereich können Sie alle Register der „spitzfindigen Wortwahl" ziehen.

Einfach ausprobieren!

Antrittsrede des neuen Chefs

Dem gehört das Morgen nicht,
der nicht das *Heute*
glücklich schon zurückgelegt.
SOPHOKLES

Geselligkeit lag in meiner Natur; deswegen ich bei vielfachen Unternehmen mir Mitarbeiter gewann und mich ihnen zum Mitarbeiter bildete und so das Glück erreichte, mich in ihnen und sie in mir fortleben zu lassen.
JOHANN WOLFGANG VON GOETHE

Denke beratend an die Vergangenheit, genießend an die Gegenwart und handelnd an die *Zukunft.*
JOSEPH JOUBERT

Jedes Neue, auch das *Glück* erschreckt.
FRIEDRICH VON SCHILLER

Befürchtungen, Hoffnungen, Wünsche tragen uns immer in die *Zukunft*; sie bringen uns um die Möglichkeit, das, was jetzt ist, zu fühlen und zu beachten; statt dessen gaukeln sie uns Dinge vor, die einmal kommen sollen, vielleicht erst dann, wenn wir gar nicht mehr sind.
MICHEL DE MONTAIGNE

Man muss etwas *Neues* machen, um etwas Neues zu sehen.
GEORG CHRISTOPH LICHTENBERG

Wir sind nicht nur *verantwortlich* für das, was wir tun, sondern auch für das, was wir nicht tun.
MOLIÈRE

Zwei gleich verschiedene
Dinge behagen uns
gleichermaßen:
Gewohnheit und *Neuheit*.
JEAN DE LA BRUYÈRE

Auch fordert jede *Wirkung*
eine gleich starke
Gegenwirkung, jedes Zeugen
ein gleich tätiges Empfangen.
Die Gegenwart muss daher
schon auf die Zukunft
vorbereitet sein.
WILHELM VON HUMBOLDT

Denn es ist nun einmal nicht
anders, dass man, sobald man
fertig ist, gleich wieder was
Neues im Sinne haben müsse.
JOHANN WOLFGANG VON GOETHE

Die *Öffentlichkeit* hat eine
unersättliche Neugier, alles zu
wissen, nur nicht das
Wissenswerte.
OSCAR WILDE

Neigung und Schicksal weisen
den Weg, den wir wählen
sollen, aber wir müssen uns
immer mit guter *Absicht*
bemühen.
LEO TOLSTOI

Die Gewohnheit, alle Dinge
von der *Lichtseite* zu
betrachten, ist mehr wert,
als ein Einkommen von
Tausenden.
DAVID HUME

Die Hauptaufgabe, die wir
haben, ist für jeden sein
eigenes *Verhalten*;
dazu sind wir auf der Erde.
MICHEL DE MONTAIGNE

Wir haben nicht
ausreichend Zeit,
um nur *vorsätzlich* zu
handeln.
VAUVENARGUES

Zu allem Großen ist der erste
Schritt der *Mut*.
JOHANN WOLFGANG VON GOETHE

Der Glaube, das, was man
wünscht, zu *erreichen*, ist
immer lustvoll.
ARISTOTELES

Man kann nicht *bergauf*
kommen, ohne bergan zu
gehen.
MATTHIAS CLAUDIUS

Mut erobert alle Dinge.
Er gibt sogar dem Körper
Kraft.
OVID

Jedem redlichen Bemühn
sei *Beharrlichkeit* verliehn.
JOHANN WOLFGANG VON GOETHE

Stehe an der Spitze, um zu
dienen, nicht, um zu herrschen!
BERNHARD VON CLAIRVAUX

Von der *Zukunft* hängt ab,
wer nicht versteht, in der
Gegenwart zu wirken.
SENECA

Persönlichkeiten, nicht
Prinzipien, bringen die Zeit
in Bewegung.
OSCAR WILDE

Wenn man das Dasein als
eine *Aufgabe* betrachtet,
dann vermag man es immer
zu ertragen.
MARIE VON EBNER-ESCHENBACH

Durch *Ausharren* ebnen wir
Berge, setzen dem Meere
Grenzen und machen aus
Steinen Städte und Paläste und
Mauern.
KARL JULIUS WEBER

Man muss sein *Glück* teilen,
um es zu multiplizieren.
MARIE VON EBNER-ESCHENBACH

Wir lehren uns nicht bloß
durch Worte; wir lehren auch
weit eindringlicher
durch unser *Beispiel.*

JOHANN GOTTLIEB FICHTE

Gegenüber der Fähigkeit,
die Arbeit eines einzigen Tages
sinnvoll zu *ordnen*,
ist alles andere im Leben
ein Kinderspiel.

JOHANN WOLFGANG VON GOETHE

Wo Chef und Stellvertreter
immer die gleichen *Ansichten*
vertreten, ist einer von ihnen
überflüssig.

WINSTON CHURCHILL

Klug ist der Herrscher, wenn
ihm kluger Umgang ward.

SOPHOKLES

Eine führerlose *Menge* ist zu
nichts nütze.

NICCOLÒ MACHIAVELLI

Der *Schaden*, der die Herde trifft, ist eine Schande für den Hirten.
HIERONYMUS

Die großen Herren sind so selten dabei, wenn sie Böses tun; sollten sie auch das *Gute* im Hinterhalt stiften?
FRIEDRICH VON SCHILLER

Es müssen und können nur wenige sein, wenn etwas Großes ausgeführt werden soll. Die *Menge* muss allemal herübergebracht werden, man mag das nun Überzeugung oder Verführung nennen, das ist gleichviel.
GEORG CHRISTOPH LICHTENBERG

Kein Mensch ist gut genug, um über einen anderen ohne dessen Zustimmung zu *herrschen*.
ABRAHAM LINCOLN

Ein großer Mann zeigt seine
Größe durch die Art, wie er
kleine Leute behandelt.
THOMAS CARLYLE

Wirke auf andere durch das,
was du bist!
WILHELM VON HUMBOLDT

Gut sein ist edel.
Aber anderen zu zeigen,
wie gut sie sein sollten,
wirkt echter und macht nicht
so viel *Mühe.*
MARK TWAIN

Das Geheimnis des Glückes ist
die *Freiheit*, deren Geheimnis
aber ist der Mut.
PERIKLES

Das Glück deines Lebens
hängt von der Beschaffenheit
deiner *Gedanken* ab.
MARC AUREL

Ein Tropfen *Glück* ist mehr
als ein Fass Geist.
DIOGENES

Glücklich, wer – was er liebt –
voll *Mut* zu verteidigen wagt.
OVID

Das *Glück* besteht im schönen
Fluss des Lebens.
ZENON

Begrüßung neuer Mitarbeiter

Der *Anfang* ist die Hälfte vom Ganzen.
ARISTOTELES

Es ist ein langer Weg vom Beginn einer Sache bis zu ihrer *Durchführung*.
MOLIÈRE

Absicht ist die Seele der Tat.
DEUTSCHES SPRICHWORT

Die Anfänge stehen in unserer Macht: Über den Ausgang urteilt das *Schicksal*.
SENECA

Schwerer *Anfang* ist zumeist zehnmal heilsamer als leichter Anfang.
JEREMIAS GOTTHELF

Aller Dinge *Anfang* ist klein.
CICERO

Aller *Anfang* ist hingeordnet
auf Vollendung.
THOMAS VON AQUIN

Ein *Beruf* ist das Rückgrat des
Lebens.
FRIEDRICH NIETZSCHE

Aller *Anfang* ist heiter,
die Schwelle ist der Platz der
Erwartung.
JOHANN WOLFGANG VON GOETHE

Fang alles an nur mit Bedacht;
führ alles mit Bestand;
was darüber dir begegnen mag,
da nimm *Geduld* zur Hand.
FRIEDRICH VON LOGAU

Es gibt kein Glück ohne Mut
und keine Tugend ohne
Kampf.
JEAN-JACQUES ROUSSEAU

Ach, ich bin gelaufen, gelaufen
und hingefallen, wieder
aufgestanden, umgeworfen,
wieder aufgesammelt, bis ich
da angekommen bin, wo mein
Ziel anfängt.
FRANZISKA GRÄFIN ZU REVENTLOW

Die *Arbeit*, eine
fortschreitende und anhäufende
Kraft, die Zinsen trägt wie das
Kapital, sowohl hinsichtlich der
Fähigkeiten als auch der
Ergebnisse.
CHARLES BAUDELAIRE

Am Anfang war die *Kraft*.
PAULA MODERSOHN-BECKER

Das *Vergnügen* ist so nötig als
die Arbeit.
GOTTHOLD EPHRAIM LESSING

Das *Neue* dringt herein mit
Macht.
FRIEDRICH VON SCHILLER

Alles Alte, soweit es Anspruch
darauf hat, sollen wir lieben,
aber für das *Neue* sollen wir
recht eigentlich leben.
THEODOR FONTANE

Die Verwunderung über
das Neue ist schon eine
Wertschätzung seines
Gelingens.
BALTHASAR GRACIÁN

Eine *Eroberung* weckt
den Durst nach einer weiteren
Eroberung.
NICCOLÒ MACHIAVELLI

Keine *Probe* ist gefährlich, zu
der man Mut hat.
JOHANN WOLFGANG VON GOETHE

In nichts, kaum die Furcht
ausgenommen, wächset ein
Mensch so schnell
als im *Mute*.
JEAN PAUL

Das *Dasein* ist köstlich.
Man muss nur den Mut haben,
sein eigenes Leben zu führen.
PETER ROSEGGER

Jedes Neue, auch das Glück,
erschreckt.
GEORG CHRISTOPH LICHTENBERG

Zwei völlig gegensätzliche
Dinge machen uns
voreingenommen:
Gewohnheit und *Neuheit*.
JEAN DE LA BRUYÈRE

Man hat nur an so viel Freude
und Glück *Anspruch*,
als man selbst gewährt.
ERNST VON FEUCHTERSLEBEN

Freude heißt die starke Feder in
der ewigen Natur.
Freude, Freude treibt die
Räder in der großen
Weltenuhr.
FRIEDRICH VON SCHILLER

Lass dich nicht stören, was
auch äußerlich geschehe,
in des inneren Lebens *Fülle*
und *Freude*!
FRIEDRICH SCHLEIERMACHER

Vertrauen erhebt die Seele.
JEAN-JACQUES ROUSSEAU

Immer zu *misstrauen* ist ein
Irrtum, wie immer zu trauen.
JOHANN WOLFGANG VON GOETHE

Wechselseitiges *Vertrauen*
wir ein reinlich Häuschen
bauen.
JOHANN WOLFGANG VON GOETHE

Das Vertrauen liefert mehr
Gesprächsstoff als der Verstand.
LA ROCHEFOUCAULD

Doch lässt sich ihm *vertraun*,
und das ist viel.
JOHANN WOLFGANG VON GOETHE

Die höchste Vollkommenheit
der Seele ist die Fähigkeit zur
Freude.
VAUVENARGUES

Das *Vertrauen*, welches neue
Freunde sich einander
schenken, pflegt sich
stufenweise zu entwickeln.
JOHANN WOLFGANG VON GOETHE

Was aber *künftig* ist,
bleibt mir verborgen.
JOHANN WOLFGANG VON GOETHE

Nur was für die Gegenwart zu
gut ist, ist gut genug für die
Zukunft.
MARIE VON EBNER-ESCHENBACH

Die beste Art, in der Welt
voranzukommen, ist, die Leute
davon zu überzeugen,
dass es für sie von Vorteil ist,
dir zu helfen.
JEAN DE LA BRUYÈRE

Der Mensch ist das *Modell* der
Welt.
LEONARDO DA VINCI

Erfahrung ist der Anfang aller
Kunst und jedes Wissens.
ARISTOTELES

Ehrlichkeit ist das erste Kapitel
im Buch der Weisheit.
THOMAS JEFFERSON

Hast du nach innen das
Mögliche getan,
gestaltet sich das Äußere
von selbst.
JOHANN WOLFGANG VON GOETHE

Der *Ehrgeiz* ist für die Seele,
was der Hunger für den Geist.
LUDWIG BÖRNE

Jeder *Aufstieg* in große Höhen
geschieht auf einer
Wendeltreppe.
FRANCIS BACON

Zur *Größe* kann man sich
aufringen, aufschwingen,
aufdulden,
aber nicht aufblasen.
MARIE VON EBNER-ESCHENBACH

Jeder Mensch hat seine
eigene *Berufung.*
Das Talent ist der Ruf.
Es gibt eine Richtung, in der
der ganze Weltraum für ihn
offen ist.
RALPH WALDO EMERSON

Am Ziel deiner Wünsche wirst
du jedenfalls eins vermissen:
dein *wandern* zum Ziel.
MARIE VON EBNER-ESCHENBACH

Kommunikation

Eine Sprache mit *Geschick* handhaben heißt, eine Art Beschwörungszauber treiben.

CHARLES BAUDELAIRE

Die *Sprache* gehört zum Charakter des Menschen.

FRANCIS BACON

Die *Sprache* wurde uns gegeben, um die Gedanken auszudrücken.

MOLIÈRE

Das *Menschlichste*, was wir haben, ist doch die Sprache, und wir haben sie, um zu sprechen.

THEODOR FONTANE

Sich mitzuteilen ist Natur;
Mitgeteiltes aufzunehmen, wie
es gegeben wird, ist *Bildung*.
JOHANN WOLFGANG VON GOETHE

Ein *Vorsatz* mitgeteilt, ist
nicht mehr dein.
JOHANN WOLFGANG VON GOETHE

Das *Gespräch* ist, meiner
Ansicht nach, die lohnendste
und natürlichste Übung
unseres Geistes: Keine andere
Lebensbetätigung macht mir
so viel Freude.
MICHEL DE MONTAIGNE

Niemand würde viel in
Gesellschaften sprechen, wenn
er sich bewusst wäre, wie oft er
die andern missversteht.
JOHANN WOLFGANG VON GOETHE

Gespräch ist gegenseitige
distanzierte Berührung.
CHRISTIAN MORGENSTERN

Wir mögen *Menschen*,
die frisch heraus sagen,
was sie denken.
Vorausgesetzt, sie denken
dasselbe wie wir.
MARK TWAIN

Das *Geheimnis* zu langweilen
besteht darin, alles zu sagen.
VOLTAIRE

Sage nicht alles, was du weißt,
aber wisse immer, was du
sagst.
MATTHIAS CLAUDIUS

Nicht *Tatsachen*, sondern
Meinungen über Tatsachen
bestimmen das
Zusammenleben.
EPIKTET

Man soll schweigen oder
Dinge sagen, die noch besser
sind als das *Schweigen*.
PYTHAGORAS

Jedes überflüssige *Wort* wirkt seinem Zwecke gerade entgegen.
ARTHUR SCHOPENHAUER

Das Beste, was man hoffen kann zu vollbringen, ist, den anderen an das zu *erinnern*, was er bereits weiß.
PLATON

Jeder Mensch hat seine eigene *Sprache*. Sprache ist Ausdruck des Geistes.
NOVALIS

Sprachkürze gibt *Denkweite*.
JEAN PAUL

Menschen, die viel von sich sprechen, machen – so ausgezeichnet sie übrigens sein mögen – den Eindruck der *Unreife*.
MARIE VON EBNER-ESCHENBACH

Denn unter allem Lebenden
wurde es allein dem Menschen
gegeben, zu *sprechen*,
da nur er es nötig hatte.
Weder den Engeln noch den
niederen Tieren war es nötig
zu sprechen. Vielmehr wäre es
ihnen unnütz gegeben worden,
wovor offensichtlich
die Natur zurückschreckt.
DANTE ALIGHIERI

Den *Stil* verbessern heißt, den
Gedanken verbessern.
FRIEDRICH NIETZSCHE

Es gibt Menschen, die einen
Augenblick früher *sprechen*,
als sie denken.
JEAN DE LA BRUYÈRE

Gedanken sind nicht
stets parat.
Man schreibt auch, wenn
man keine hat.
WILHELM BUSCH

Um zu sprechen, muss man
denken – zumindest
annäherungsweise.
VOLTAIRE

Die Kunst des Schauspielers
besteht in Sprache und
Körperbewegung.
JOHANN WOLFGANG VON GOETHE

Wer seine *Ansicht* mit
anderen Waffen als denen
des Geistes verteidigt,
von dem muss ich
voraussetzen, dass ihm die
Waffen des Geistes
ausgegangen sind.
OTTO VON BISMARCK

Des Menschen Sprache gleicht
seinem *Leben*.
SOKRATES

Ist eine reine, einfache *Sprache*
nicht etwas Schönes, Edles?
THEODOR FONTANE

Gespräche sind wie *Reisen* zu Schiff. Man entfernt sich vom Festland, ehe man es merkt, und ist schon weit, ehe man merkt, dass man das Ufer verlassen hat.

NICOLAS CHAMFORT

Ich spreche nicht gern mit Leuten, die stets meiner *Meinung* sind.
Eine Zeit lang macht es Spaß, mit dem Echo zu spielen, auf die Dauer aber ermüdet es.

THOMAS CARLYLE

Nicht jene, die streiten, sind zu fürchten, sondern jene, die *ausweichen*.

MARIE VON EBNER-ESCHENBACH

Der Standpunkt macht es nicht, die *Art* macht es, wie man ihn vertritt.

THEODOR FONTANE

Es gibt einen Ernst für alle,
aber nur einen *Humor* für
wenige.
JEAN PAUL

Humor ist keine Gabe des
Geistes, es ist eine *Gabe des
Herzens.*
LUDWIG BÖRNE

Der *Witz* macht immer nur
einzelne Witze; der Humor ist
eine Weltanschauung,
ein Geist.
FRIEDRICH THEODOR VISCHER

Humor ist äußerste Freiheit des
Geistes. Wahrer Humor ist
immer souverän.
CHRISTIAN MORGENSTERN

Das eben ist's, was manches
blühende Haus und Reich in
Trümmer stößt:
der allzu schöne *Redeschwall*!
EURIPIDES

Wenn du eine weise *Antwort* willst, musst du vernünftig fragen.

JOHANN WOLFGANG VON GOETHE

Wir müssen tiefere *Einsicht* haben, sonst stoßen wir gegeneinander und verfehlen den Weg zur Sicherung unseres Lebens. Aber der kalte Verstand ist selbstsüchtig und unfruchtbar.
Das Geheimnis des Erfolges in der Gesellschaft ist aber ein gewisser Zusammenklang von Herzlichkeit und Kontaktfähigkeit.

RALPH WALDO EMERSON

Es ist kein Unglück, nicht genug *Geist* zu haben, um eine Rede zu halten, und nicht genug Selbsterkenntnis, um zu schweigen.

JEAN DE LA BRUYÈRE

Den Anfang eurer Rede haben
wir wieder vergessen und das
Letzte nicht verstanden.
HERODOT

Groß betrachtet ist alles
Gespräch nur –
Selbstgespräch.
CHRISTIAN MORGENSTERN

Es ist keine *Kunst*, etwas zu
sagen, wenn man etwas zu
sagen hat.
GEORG CHRISTOPH LICHTENBERG

Gedanken ohne Inhalt
sind leer,
Anschauungen ohne Begriffe
sind blind.
IMMANUEL KANT

Jedem kann es mal passieren,
dass er *Unsinn* redet; schlimm
wird es erst, wenn er es
feierlich tut.
MICHEL DE MONTAIGNE

Bildung ist nicht durch reine Erkenntnis, sondern durch Macht des Persönlichen übertragbar.
FRIEDRICH NIETZSCHE

Man muss viel gelernt haben, um über das, was man nicht weiß, *fragen* zu können.
JEAN-JACQUES ROUSSEAU

Konferenz

Der Adel kann uns in allem übertreffen, nur nicht in der *Mehrheit.*
JEAN PAUL

Entscheidung durch *Majorität* ist ein Notbehelf, ebenso wie Beleuchtung durch das Gas.
WILLIAM GLADSTONE

Entziehen muss man der Masse die zarte und zu wenig am Sittlichen festhaltende Seele: Leicht läuft man zur *Mehrheit* über.
SENECA

Das Erwartete bleibt gewöhnlich unter der *Erwartung.*
AUGUST VON KOTZEBUE

Alles *Denken* hat bisher
Resultate ergeben.
WALTHER RATHENAU

Es geschieht zu jeder Zeit
etwas *Unerwartetes*;
unter anderem ist auch
deshalb das Leben so
interessant.
MARIE VON EBNER-ESCHENBACH

An kleinen *Dingen* muss man
sich nicht stoßen, wenn man
zu großen auf dem Wege ist.
FRIEDRICH HEBBEL

Es gibt keinen Weg zum Z,
der nicht am A *vorbeiführte*.
FRIEDRICH HEBBEL

Man muss danach streben,
dem Richtigen zum Sieg zu
verhelfen, nicht aber Recht zu
haben, nach *Aufrichtigkeit*, nicht
aber nach Unfehlbarkeit.
JOSEPH JOUBERT

Nichts ist widerwärtiger als die Majorität; denn sie besteht aus wenigen kräftigen Vorgängern, aus *Schelmen*, die sich akkommodieren, aus *Schwachen*, die sich assimilieren, und der Masse, die nachtrollt, ohne nur im Mindesten zu wissen, was sie will.
JOHANN WOLFGANG VON GOETHE

Alles Große und Gescheite existiert in der *Minorität.*
JOHANN WOLFGANG VON GOETHE

Konzentration ist das Geheimnis der Stärke in der Politik, im Krieg, im Handel, kurz gesagt in der Handhabung aller menschlichen Angelegenheiten.
RALPH WALDO EMERSON

Wenn zwei *dasselbe* tun, so ist es nicht dasselbe.
TERENZ

Der *Einklang* ist bei der Diskussion etwas völlig Unerwünschtes.

MICHEL DE MONTAIGNE

Nichts ist so tödlich *langweilig*, wie einander zu verstehen: Man hat sich nichts mehr zu sagen.

JULES RENARD

Alle wirken wir zu einem *Endergebnis* zusammen, die einen wissend und aufmerkend, die anderen, ohne es zu achten.

MARC AUREL

Ein „*Kopf*" ist, der viel Verstand, das heißt Auffassung, Abstraktion und Reflexion hat.

IMMANUEL KANT

Ordnung ist die Tochter der Überlegung.

GEORG CHRISTOPH LICHTENBERG

Glücklich, wer alles von sich
weist, was ihn hindert und
zerstreut, und wer sich in eins
zu sammeln vermag.
THOMAS VON KEMPEN

Wer recht *erkennen* will,
muss zuvor in richtiger Weise
gezweifelt haben.
ARISTOTELES

Denn unter vielen ist zu
vielerlei *Meinung*.
JOHANN WOLFGANG VON GOETHE

Denke daran, dass deine
Meinung zu ändern und dem,
der sich berichtigt, zu folgen,
ebenfalls ein Zeichen von
Freiheit ist.
MARC AUREL

Lerne *zuhören*, und du wirst
auch von denjenigen Nutzen
ziehen, die dummes Zeug reden.
PLATON

Tischreden bei Geschäftsessen/Festansprachen/Firmenjubiläen

Aber die *Lebenskunst* besteht darin, sein Pulver nicht unnütz und nicht in jedem Augenblick zu verschießen.
THEODOR FONTANE

Jedes Land, jede Gesellschaft, jedes Lebensalter, jedes Verhältnis, jedes Portemonnaie fordert ein ganz bestimmtes Benehmen, und die entsprechende Haltung zu treffen, ist die recht eigentliche *Lebensklugheit*.
THEODOR FONTANE

Auch im *Genuss* soll stets die Weisheit führen.
VOLTAIRE

Diejenigen, die dem Genuss nachlaufen, erreichen ihn am wenigsten. Eine angenehme *Lebensweise* besteht im Verlangen, nicht in der Sattheit.
CICERO

Für den, der sein *Glück* im Genießen und nicht im Wirken sucht, muss dieses Leben unausfüllbare Leeren haben.
WILHELM VON HUMBOLDT

Das Leben des bloß Genießenden ohne Betrachtung und Sitten scheint keinen *Wert* zu haben.
IMMANUEL KANT

Der *Mensch* braucht nur wenige Erdschollen, um drauf zu genießen, weniger, um drunter zu ruhen.
JOHANN WOLFGANG VON GOETHE

Ohne Arbeit kein *Genuss*, keine
Arbeit ohne Genuss.
August Bebel

Wer das Leben nicht *schätzt*,
hat es nicht verdient.
Leonardo da Vinci

Wer lebt, verliert;
aber er gewinnt auch.
Johann Wolfgang von Goethe

Was glänzt, für den ist der
Augenblick geboren.
Johann Wolfgang von Goethe

Wenn ich mein Leben noch
einmal zu leben hätte,
würde ich wieder so leben,
wie ich gelebt habe:
Ich *bedaure* nicht,
was vergangen ist, und ich
fürchte nicht, was noch
kommen soll.
Michel de Montaigne

Aber kein *Genuss* ist
vorübergehend:
Denn der Eindruck,
den er zurücklässt, ist bleibend.
JOHANN WOLFGANG VON GOETHE

Gib das *Beste* und mach das
Leben zum Feste.
JOHANN WOLFGANG VON GOETHE

Ein Leben ohne *Feste* ist eine
weite Reise ohne Gasthaus.
DEMOKRIT

Leben ist ein großes *Fest*,
wenn sich's nicht berechnen
lässt.
JOHANN WOLFGANG VON GOETHE

Tages Arbeit! Abends Gäste!
Saure Wochen! *Frohe Feste*!
JOHANN WOLFGANG VON GOETHE

Nicht immer werden *Festtage*
sein.
SENECA

Ein großes *Können* – ein
großes Genießen.
MARIE VON EBNER-ESCHENBACH

Genieße das *Leben*!
In schnellem Lauf flieht es
dahin.
SENECA

Genießen aber heißt
gebrauchen mit Freude,
nicht in der Hoffnung,
sondern in der Wirklichkeit.
AURELIUS AUGUSTINUS

Denn die *Begriffe* von Glück
sind so verschieden wie die
Genüsse und die Sinne, mit
welchen sie genossen werden.
HEINRICH VON KLEIST

Frage nicht, was das Geschick
morgen will beschließen;
unser ist der Augenblick,
lass uns den *genießen.*
FRIEDRICH RÜCKERT

Genieße froh die Gaben der
gegenwärtigen Stunde
und lass das *Unangenehme*
beiseite!
HORAZ

Denn das Bessere vollbringt
immer auch eine bessere
Leistung.
ARISTOTELES

Wer etwas Großes leisten will,
muss tief eindringen, scharf
unterscheiden, *vielseitig verbinden*
und standhaft beharren.
FRIEDRICH VON SCHILLER

Das *Gute* überdauert das
Große.
KARL MARX

Alles *Vollendete* spricht sich
nicht allein – es spricht eine
ganze mitverwandte Welt aus.
NOVALIS

Die *Lebensaufgabe* eines
Menschen ist die Beschützerin
seines Lebens.
RALPH WALDO EMERSON

Nach *Kraft* ringen. Das alles
klingt so dramatisch.
Man tut eben, was man kann,
und legt sich dann schlafen.
Und auf diese Weise geschieht
es, dass man eines Tages
etwas geleistet hat.
PAULA MODERSOHN-BECKER

Wenn auf Erden irgendetwas
das Glück, welches unmöglich
ist, ersetzen kann, so ist es der
früh und zur rechten Zeit
gewonnene Überblick aller
Lebensverhältnisse.
FRIEDRICH HEBBEL

Nichts Großes ist je ohne
Begeisterung geschaffen
worden.
RALPH WALDO EMERSON

Der *Ruhm* muss dem Verdienst entsprechen.
MOLIÈRE

Ich habe immer auf die *Verdienste* meiner Widersacher Acht gehabt und daraus Vorteil gezogen.
JOHANN WOLFGANG VON GOETHE

Unsere Verdienste bringen uns die Achtung der Ehrenmänner ein und unser guter Stern die der *Allgemeinheit*.
LA ROCHEFOUCAULD

Der Preis der Größe heißt *Verantwortung*.
WINSTON CHURCHILL

Alle Großen waren große *Arbeiter*, unermüdlich nicht nur im Erfinden,
sondern auch im Verwerfen,
Sichten, Umgestalten, Ordnen.
FRIEDRICH NIETZSCHE

Alle *Größe* ist unbewusst, oder sie ist wenig oder gar nicht.
THOMAS CARLYLE

Die Großen schaffen das Große, die *Guten* das Dauernde.
MARIE VON EBNER-ESCHENBACH

Guter *Wille* ist höher als aller Erfolg.
JOHANN WOLFGANG VON GOETHE

Es wäre wenig in der Welt unternommen worden, wenn man nur immer auf den *Ausgang* gesehen hätte.
GOTTHOLD EPHRAIM LESSING

Nur *klugtätige Menschen*, die ihre Kräfte kennen und sie mit Maß und Gerechtigkeit benutzen, werden es im Weltwesen weit bringen.
JOHANN WOLFGANG VON GOETHE

Öffentlichkeitsarbeit/Presse

Es gibt Zeiten, wo die
öffentliche Meinung die schlechteste
aller Meinungen ist.
NICOLAS CHAMFORT

Du wirst nicht leicht einen
finden, der bei geöffneter Tür
leben könnte. Wir leben so,
dass plötzlich erblickt zu
werden so viel heißt wie
ertappt zu werden.
SENECA

Heute kennt man vor allem
den *Preis*, nicht den Wert.
OSCAR WILDE

Viele Dinge sind groß gemacht
worden durch die *Werbung*.
MARK TWAIN

Wir wollen *werben*, nicht
umworben sein.
WILLIAM SHAKESPEARE

Die öffentliche Meinung muss
uns einig machen und nicht
eigensinnig.
MARTIN LUTHER

Es ist nicht genug, eine Sache zu
beweisen, man muss die
Menschen zu ihr auch noch
verführen.
FRIEDRICH NIETZSCHE

Es gibt eine schöne *Offenheit*,
die sich öffnet wie die Blume,
nur um zu duften.
FRIEDRICH VON SCHLEGEL

Das *Bedürfnis* gilt als die Ursache
der Entstehung: In Wahrheit ist
es oft
nur die Wirkung des
Entstandenen.
FRIEDRICH NIETZSCHE

Wer dem *Publikum* hinterherläuft, kennt nur dessen Hinterteil.

JOHANN WOLFGANG VON GOETHE

Nacktheit ist ebenso unziemlich für den Geist wie für den Leib, und es erhöht das *Ansehen* von Benehmen und Handeln eines Menschen nicht wenig, wenn er sich nicht allzu offenherzig zeigt.

FRANCIS BACON

Ich kann ungeklärte *Verhältnisse* einfach nicht ertragen. Warum können die Menschen nicht offen gegeneinander sein? Reine Luft zwischen uns!

CHRISTIAN MORGENSTERN

Man sollte immer anständig spielen, wenn man die *Trümpfe* in der Hand hat.

OSCAR WILDE

Offenheit verdient immer Anerkennung.
OTTO VON BISMARCK

Die öffentliche Meinung übt eine *Rechtsprechung*, die ein ehrenhafter Mann niemals vollkommen anerkennen, aber auch nie ganz ablehnen sollte.
NICOLAS CHAMFORT

Den Menschen und den Sachen gerade in die *Augen* zu sehen und sich dabei auszusprechen, wie einem eben zumute ist, dieses bleibt das Rechte, mehr soll und kann man nicht tun.
JOHANN WOLFGANG VON GOETHE

Wenn alles, was man sagt, wahr sein muss, so ist darum nicht auch *Pflicht*, alle Wahrheit öffentlich zu sagen.
IMMANUEL KANT

Die Offenherzigen werden
geliebt, aber *betrogen.*
BALTHASAR GRACIÁN

Wer nicht wagt, offen von sich
zu sprechen, dem fehlt es
irgendwie an *Mut.*
MICHEL DE MONTAIGNE

Regel: die Dinge beim Namen
nennen.
LEO TOLSTOI

Anzeigen enthalten die einzigen
Wahrheiten, auf die man sich in
Zeitungen verlassen kann.
THOMAS JEFFERSON

Die öffentliche Meinung ist
eine *Ansicht*, der es an
Einsicht mangelt.
ARTHUR SCHOPENHAUER

Die *Presse* ist für mich
Druckerschwärze auf Papier.
OTTO VON BISMARCK

Seine Schmutzwäsche wäscht man zu Hause, nicht in der *Öffentlichkeit.*

NAPOLEON BONAPARTE

Alle Wahrheiten sind *paradox.*

LEO TOLSTOI

Die *Nachrede* ist die Steuer, die der Mensch der Öffentlichkeit für eine hervorragende Stellung bezahlt.

JONATHAN SWIFT

Das Publikum *beklatscht* ein Feuerwerk, doch keinen Sonnenaufgang.

FRIEDRICH HEBBEL

Ein Buch, das über öffentliche Dinge geschrieben ist, soll wie eine Rede, die über öffentliche Angelegenheiten gehalten wird, zur *Parteinahme* zwingen.

AUGUST BEBEL

Alle Ketten der Meinung sind für mich zerbrochen; ich kenne nur die Ketten der *Notwendigkeit.*

JEAN-JACQUES ROUSSEAU

Die *Öffentlichkeit* hat eine unersetzliche Neugier, alles zu wissen, nur nicht das Wissenswerte.

OSCAR WILDE

Die *Teilnahme* der meisten Menschen besteht aus einer Mischung von Neugier und Wichtigtuerei.

MARIE VON EBNER-ESCHENBACH

Es ist eine bekannte *Tatsache*, dass man mit gewissen Schlagworten den leichtgläubigen Menschen nach Belieben Sand in die Augen streuen kann.

BERTHA VON SUTTNER

Alle Menschen erstreben das Gute, doch nicht alle erkennen das *Wahre*.

THOMAS VON AQUIN

Wenn die *Neugier* sich auf ernsthafte Dinge richtet, dann nennt man sie Wissensdrang.

MARIE VON EBNER-ESCHENBACH

Jeder hat etwas in seiner Natur, das – wenn er es öffentlich ausspräche – *Missfallen* erregen würde.

JOHANN WOLFGANG VON GOETHE

In früheren Zeiten hatten wir die Folter. Jetzt haben wir die *Presse*.

OSCAR WILDE

Die *Presse* hat auch die Aufgabe, das Gras zu mähen, das über etwas zu wachsen droht.

ALFRED POLGAR

Vier feindselige *Zeitungen* sind mehr zu fürchten als tausend Bajonette.

NAPOLEON BONAPARTE

Die *öffentliche Meinung* ist ein See, der, wenn man ihn dämmt und aufhält, so lange steigt, bis er schäumend über seine Schranken stürzt, das Land überschwemmt und alles mit sich fortreißt.

LUDWIG BÖRNE

Große Männer haben die *Pressefreiheit* nie gefürchtet; denn wo kein Pulver liegt, kann man die Leute rauchen lassen.

KARL JULIUS WEBER

Alles hat heutzutage seinen *Gipfel* erreicht, aber die Kunst, sich geltend zu machen, den höchsten.

BALTHASAR GRACIÁN

Ihr jubelt über die Macht der Presse – graut euch nie vor ihrer *Tyrannei*?
MARIE VON EBNER-ESCHENBACH

Man könnte gern *Publizität* und Aufklärung vermissen, wenn Offenheit und Klarheit an ihre Stelle treten könnten.
JOHANN WOLFGANG VON GOETHE

Das *Publikum* verwechselt leicht den, welcher im Trüben fischt, mit dem, welcher aus der Tiefe schöpft.
FRIEDRICH NIETZSCHE

Management

Manager sind nicht unbedingt die geborenen Redner.

Doch mit einiger Übung und kleinen rhetorischen Kniffen kann man jede Rede verbessern.
Auch hier hilft der gezielte Einsatz treffender Worte, um die Stimmung der Verhandlungspartner zu heben, die Argumentation zu festigen oder die Beratungsgespräche doch noch zum Erfolg zu führen.

Wer mit Worten überzeugen will, der sollte die Zitate in dem gleichnamigen Kapitel beherzigen, die noch erweitert werden können durch die Kapitel „Begeistern“ und „Verkaufen“. Auch hier gilt die einfache Formel: ausprobieren!

Schließlich mündet unser Zitaten-Extrakt in das Kapitel von der „Kunst des Redens“ ein.
Darin versammelt sind Aussagen über die Redekunst, wie sie von der Antike bis in die nahe Gegenwart praktiziert und vorgeführt wurde. So mancher Tipp ist darin enthalten: wie man Phrasen vermeidet, Worte richtig wählt oder Reden kürzen sollte.

Dass dabei der Spaß nicht zu kurz kommt, versteht sich von selbst. Denn: Wer hört schon gerne einem Redner zu, der selber keine Freude an seinem Vortrag hat!

Auf Freude und Überzeugung baut daher jede gute Rede auf und macht den Redner glaubwürdig.

In vielen Bereichen des Managements lassen sich Stil und Rede optimieren. Wer daran arbeitet, wird auf Dauer Erfolg haben und damit Macht und Einfluss gewinnen.

Motivieren

Beginne mit dem, was notwendig ist, dann tue *dein Möglichstes*, und plötzlich wirst du das Unmögliche vollbringen.
FRANZ VON ASSISI

Lust und Liebe sind die Fittiche zu großen *Taten*.
JOHANN WOLFGANG VON GOETHE

Es ist kein *Ding* so leicht, dass es nicht schwierig wird, wenn man es ungern tut.
TERENZ

Glauben ist nichts anderes als für wahr halten, was man nicht sieht.
AUGUSTINUS

Dem Mutigen lächelt das
Glück.
VERGIL

Je mehr *Mühen*, desto besser!
JUAN DE LA CRUZ

Es gibt bei jeder Handlung
erstens das wirkliche *Motiv*,
das verschwiegen wird,
zweitens das präsentable,
eingeständliche Motiv.
FRIEDRICH NIETZSCHE

In dir muss brennen, was du in
anderen *entzünden* willst.
AUGUSTINUS

Nichts ist auf der Erde ohne
Beschwerlichkeit.
JOHANN WOLFGANG VON GOETHE

Es gibt zwei Motive der
menschlichen Handlungen:
Eigennutz und *Furcht*.
NAPOLEON BONAPARTE

Nichts ist *mühsam*, was man willig tut.

THOMAS JEFFERSON

Das Bedürfnis hoher Anerkennung ist eines der *Passiva*, die auf den meisten ungewöhnlichen Begabungen ruhen.

OTTO VON BISMARCK

Nur durch *Mut* kann man sein Leben in Ordnung bringen.

VAUVENARGUES

Was uns im Leben am meisten Not tut, ist ein *Mensch*, der uns zu dem zwingt, was wir können.

RALPH WALDO EMERSON

Die *Zeit* ist schlecht? Wohlan! Du bist da, sie besser zu machen.

THOMAS CARLYLE

Nichts ist schrecklich, was *notwendig* ist.
EURIPIDES

Wer die Menschen behandelt, wie sie sind, macht sie schlechter. Wer die Menschen aber behandelt, wie sie sein könnten, macht sie *besser.*
JOHANN WOLFGANG VON GOETHE

Unser Leben mutet an wie ein *Versuch.*
JULES RENARD

Wir würden uns oft unserer schönsten Taten schämen, wenn die Welt alle *Beweggründe* sähe, aus denen sie hervorgehen.
LA ROCHEFOUCAULD

Auch der Mutigste von uns hat nur selten den *Mut* zu dem, was er eigentlich weiß.
FRIEDRICH NIETZSCHE

Wir können stets *fühlen*, was recht ist, aber nicht immer wissen, was möglich ist.
JOHN RUSKIN

Der geistige Mut übertrifft die körperliche Kraft: Er sei ein Schwert, das stets in der Scheide der Klugheit ruht, für die *Gelegenheit* bereit.
BALTHASAR GRACIÁN

Die Motivation ist die durch das Erkennen hindurchgehende *Kausalität.*
ARTHUR SCHOPENHAUER

Suche nicht andere, sondern dich selbst zu *übertreffen*.
CICERO

Es ist gesünder, nichts zu hoffen und das *Mögliche* zu schaffen, als zu schwärmen und nichts zu tun.
GOTTFRIED KELLER

Man muss das *Unmögliche* fordern, damit das Mögliche erreicht wird.
HELMUTH VON MOLTKE

Genie besteht aus 1 Prozent Inspiration und 99 Prozent Transpiration.
THOMAS ALVA EDISON

Alles überwindet der Mensch; aber nur, wenn die Überwindung für ihn eine *Notwendigkeit* ist – alles vermag er, wenn er muss.
LUDWIG FEUERBACH

Zwei *Möglichkeiten*: sich unendlich klein machen oder es sein. Das Zweite ist Vollendung, also Untätigkeit, das Erste Beginn, also Tat.
FRANZ KAFKA

Furcht und Mut stecken an.
JEAN PAUL

Wenn es einen Glauben gibt, der Berge versetzen kann, so ist es der Glaube an die eigene *Kraft*.
MARIE VON EBNER-ESCHENBACH

Lustig in die Welt hinein, gegen Wind und Wetter! Will kein Gott auf Erden sein, sind wir selber *Götter*!
WILHELM MÜLLER

Der gute *Mut* gilt mehr als der gute Rat. Was viele Feldherrn schon zugrund gerichtet hat.
EURIPIDES

Was überhaupt wert ist, getan zu werden, ist es auch wert, *ordentlich* getan zu werden.
PHILIP CHESTERFIELD

Die starken und mutigen Männer sind es, die die Welt leiten, *führen* und beherrschen.
SAMUEL SMILES

Nicht die Größe der *Aufgabe* entscheidet, sondern das Wie, mit dem wir die kleinste zu lösen verstehen.
THEODOR FONTANE

Courage ist gut, aber *Ausdauer* ist besser. Ausdauer, das ist die Hauptsache.
THEODOR FONTANE

Das Glück des Lebens besteht nicht sowohl darin, wenig oder keine *Schwierigkeiten* zu haben, sondern sie alle siegreich und glorreich zu überwinden.
CARL HILTY

Widerwärtigkeiten sind Pillen, die man schlucken muss – und nicht kauen.
GEORG CHRISTOPH LICHTENBERG

Praxis – der Theorie überlegen.
GUSTAVE FLAUBERT

Einen Nagel schlägt man nicht
mit einem einzigen *Schlag* in
die Kiste.
BENJAMIN FRANKLIN

Beharrlichkeit überwindet alles.
SPRICHWORT

Es gibt bereits alle guten
Grundsätze. Wir brauchen sie
nur anzuwenden.
BLAISE PASCAL

Nur *Beharrung* führt zum Ziel,
nur die Fülle führt zur Klarheit,
und im Abgrund wohnt die
Wahrheit.
FRIEDRICH VON SCHILLER

Das Was bedenke, mehr
bedenke *wie*.
JOHANN WOLFGANG VON GOETHE

Jedem redlichen *Bemühn* sei
Beharrlichkeit verliehn.
JOHANN WOLFGANG VON GOETHE

Durch *Ausharren* ebnen wir Berge, setzen dem Meere Grenzen und machen aus Steinen Städte und Paläste und Mauern.

KARL JULIUS WEBER

Die Erfolge des Tages gehören der verwegenen *Mittelmäßigkeit.*

MARIE VON EBNER-ESCHENBACH

Ohne Mut ist das *Wissen* unfruchtbar.

BALTHASAR GRACIÁN

Derjenige, der sich mit Einsicht für beschränkt erklärt, ist der *Vollkommenheit* am nächsten.

JOHANN WOLFGANG VON GOETHE

Was kann man aber nicht alles, wenn man sich einbildet, vollendet zu sein, und kühn *weiterstrebt.*

CHRISTIAN DIETRICH GRABBE

Je edler und vollkommener
eine Sache ist, desto später und
langsamer gelangt sie zur *Reife*.
ARTHUR SCHOPENHAUER

Wenn das, was fertig ist, nur
immer auch *vollendet* wäre!
PETER ROSEGGER

Kleinigkeiten gereichen zur
Vollkommenheit, aber
Vollkommenheit ist keine
Kleinigkeit.
MICHELANGELO

Manches Schöne hat mehr
Reiz, wenn es unvollkommen,
als wenn es allzu vollendet ist.
LA ROCHEFOUCAULD

Dem tätigen Menschen kommt
es darauf an, dass er das
Rechte tue;
ob das Rechte geschehe, soll
ihn nicht kümmern.
JOHANN WOLFGANG VON GOETHE

Ja, der Wille ist der meine,
doch die *Tat* ist dein Geschick.
Franz Grillparzer

Der Worte sind genug
gewechselt, lasst mich auch
endlich *Taten* sehn.
Johann Wolfgang von Goethe

Die Hälfte der *Tat* hat, wer
begonnen hat.
Horaz

Man muss etwas *sein*, um etwas
zu machen.
Johann Wolfgang von Goethe

Leben aber ist Tätigkeit, und
jedermann ist auf dem Gebiet
tätig, das ihm am besten liegt.
Aristoteles

Ich *gehe dahin*, wo man mich
wünscht, mindestens ebenso
gern wie wo es mir gefällt.
Joseph Joubert

Ich bin nicht Optimist, ich will *Optimist* sein.
ÉMILE ZOLA

Auch in der Tat ist Raum für *Überlegung*.
JOHANN WOLFGANG VON GOETHE

Man liebt es, seine guten Taten selbst zu *vollbringen*.
JOSEPH JOUBERT

Gute Taten wollen ins *Licht* gesetzt werden.
CICERO

Liebe und *Tätigkeit* ist Glück.
LEO TOLSTOI

Ganz Licht und klar sein heißt: *am Ziele* sein.
BERNHARD VON CLAIRVAUX

Was dein erstes *Gefühl* dir antwortet, das tue.
HEINRICH VON KLEIST

Argumentieren

Den *besseren Gründen*
müssen gute weichen.
WILLIAM SHAKESPEARE

Man würze, wie man will, mit
Widerspruch die Rede:
wird Würze nur nicht Kost,
und Widerspruch nicht Fehde.
GOTTHOLD EPHRAIM LESSING

Sei nicht ungeduldig, wenn
man deine *Argumente* nicht
gelten lässt.
JOHANN WOLFGANG VON GOETHE

Die gewöhnliche Kunst der
Sophisten besteht darin, eine
Menge Argumente anzuhäufen,
um deren *Schwäche* zu
verbergen.
JEAN-JACQUES ROUSSEAU

Es ist ein *Fehler*, dass man den andern nur widerlegen, nicht überreden will.
JEAN PAUL

Wer Gründe anhört, kommt in *Gefahr*, nachzugeben.
JOHANN WOLFGANG VON GOETHE

Wohl erwogen sind meine *Gründe* eben nicht, aber sie sind doch gut genug.
WILLIAM SHAKESPEARE

Es ist der *Wahrheit* nichts so gefährlich, als wenn einseitige Meinungen Widerleger finden.
FRIEDRICH VON SCHILLER

Gut gebrüllt, *Löwe*!
WILLIAM SHAKESPEARE

Argumente sollen vermieden werden, sie sind immer *vulgär* und oft überzeugend.
OSCAR WILDE

Wissenschaftliche Argumente führen zu diametral entgegengesetzten *Schlussfolgerungen.*
LEO TOLSTOI

Der *Standpunkt* macht es nicht, die Art macht es, wie man ihn vertritt.
THEODOR FONTANE

Das Gleiche lässt uns in Ruhe; aber der Widerspruch ist es, der uns *produktiv* macht.
JOHANN PETER ECKERMANN

Ein Grund, der Gründe hat, wird durch die Wiederholung ja nicht schlecht; und ist er schlecht, so ist es sehr *probat*, ihn zu wiederholen.
GEORGE BYRON

Die Grundsätze der Menschen verraten ihr *Herz*.
VAUVENARGUES

Bevor einer etwas bestreitet,
sollte er immer *sagen*, was er
nicht bestreitet.
GILBERT KEITH CHESTERTON

Das *Festhalten* an
Grundsätzen verdient
weder Lob noch Tadel.
Es ist nur die Beständigkeit
von Neigungen und Ansichten,
die man selbst weder erwirbt
noch ablegt.
LA ROCHEFOUCAULD

Die *Leute*, denen man
widerspricht, sind entweder
die, welche man am liebsten
liebt, oder die, welche man am
geringsten achtet.
MARIE VON EBNER-ESCHENBACH

Man hat nie nur
einen Grund zu einer
Handlung, sondern
hundert und tausend.
CHRISTIAN MORGENSTERN

Es ist sehr gefährlich
zuzuhören. Hört man zu, kann
man überzeugt werden,
und wer sich durch ein
Argument *überzeugen* lässt,
ist ein von Grund auf
unvernünftiger Mensch.
OSCAR WILDE

Besser gläubiges *Unwissen* als
anmaßendes Wissen.
AUGUSTINUS

Fast alle unsere Ansichten
fassen wir auf die *Autorität*
anderer hin und auf
Treu und Glauben.
MICHEL DE MONTAIGNE

Wenn mich jemand widerlegen
und überzeugen kann, dass
meine Ansicht oder mein Tun
nicht richtig ist, werde ich mit
Freuden meinen *Standpunkt*
ändern.
MARC AUREL

Die *Beleidigungen* sind die Argumente jener, die über keine Argumente verfügen.
JEAN-JACQUES ROUSSEAU

Falsch und *scheinheilig* sind die Menschen, die alles nur mit Worten und nichts mit der Tat ausrichten.
DEMOKRIT

Es mag sein, dass wir durch das Wissen anderer gelehrter werden. *Weiser* werden wir nur durch uns selbst.
MICHEL DE MONTAIGNE

Das Gefühl findet, der *Scharfsinn* weiß die Gründe.
JEAN PAUL

Man überlege mit der *Vernunft*, damit man nicht widerlegt werde vom unglücklichen Ausgang.
BALTHASAR GRACIÁN

Scharfsinnige Geister
überspringen alle Vorstadien
und halten
weder sich noch andere am
Rand der *Fragen* auf.
JOSEPH JOUBERT

Jeder will *Ordnung* und *Glück*,
trotzdem liegen sich alle in den
Haaren.
THORNTON WILDER

Kein *Streit* würde lang dauern,
wenn das Unrecht nur auf
einer Seite wäre.
LA ROCHEFOUCAULD

Jede *Streitlust* ist unvernünftig;
denn weil sie das für den Feind
Schädliche im Auge hat, sieht
sie den eigenen Vorteil nicht.
DEMOKRIT

Auch in der Tat ist Raum für
Überlegung.
JOHANN WOLFGANG VON GOETHE

Die *Überlegenheit* einer
einzigen Blume vor einem
ganzen Strauß.
JULES RENARD

Es gehört doch immer ein
gewisser Grad von *Einsicht*
dazu, wahrzunehmen,
dass man nichts wisse.
MICHEL DE MONTAIGNE

Wissen ist *Macht.*
FRANCIS BACON

Denn ein vollkommner
Widerspruch bleibt
geheimnisvoll
für Kluge wie für Toren.
JOHANN WOLFGANG VON GOETHE

Gewöhnlich sieht man, wenn
man Widerspruch erfährt,
nicht darauf, ob er berechtigt
ist, sondern wie man ihn
irgendwie *niederschlagen* kann.
MICHEL DE MONTAIGNE

Manche anspruchsvolle
Überlegenheit wird zunichte,
wenn man sie nicht
anerkennt, manche schon
wirkungslos, wenn man sie
nicht bemerkt.
NICOLAS CHAMFORT

Um Gutes zu tun, braucht's
keiner *Überlegung.*
JOHANN WOLFGANG VON GOETHE

Überlegenheit im Umgang
erwächst allein daraus, dass
man der anderen
in keiner Art und Weise bedarf
und dies sehn lässt.
ARTHUR SCHOPENHAUER

Der größte *Fehler* des
Scharfsinns besteht nicht darin,
dass er sein Ziel nicht
erreicht, sondern dass er
darüber hinausgeht.
LA ROCHEFOUCAULD

Besprechen

Die Klugheit gibt nur Rat, die
Tat entscheidet.
FRANZ GRILLPARZER

Begriff ist Summe, Idee
Resultat der Erfahrung;
jene zu ziehen wird Verstand,
dieses zu erfassen, *Vernunft*
erfordern.
JOHANN WOLFGANG VON GOETHE

Worte bestätige durch
Tatsachen.
SENECA

Ich kann doch nicht den *Mund*
auftun und reden, wo keiner
von allen
mich verstehen würde.
FRANZISKA GRÄFIN ZU REVENTLOW

Lieber spricht man *schlecht* von sich als gar nicht.
LA ROCHEFOUCAULD

Am allerdümmsten ist, wer glaubt, alles zu *verstehen.*
LEO TOLSTOI

Die meisten Menschen sprechen nicht, *zitieren* nur. Man könnte ruhig fast alles, was sie sagen, in Anführungsstriche setzen; denn es ist überkommen, nicht im Augenblick des Entstehens geboren.
CHRISTIAN MORGENSTERN

Fraktur sprechen.
JULES RENARD

Der Einklang ist bei der *Diskussion* etwas ganz Unerwünschtes.
MICHEL DE MONTAIGNE

Mehrere Namen sind einer
Idee vorteilhaft.
NOVALIS

Spricht man ja mit sich selbst
nicht immer, wie man denkt.
JOHANN WOLFGANG VON GOETHE

Das *Simpelste* scheint das
Wahrste.
JOHANN GOTTFRIED VON HERDER

Ständiges Denken über
Einfachheit führt dazu,
dass man weniger einfach
wird.
GILBERT KEITH CHESTERTON

Aus dem Mund Unedler auch
fällt oft ein *Rat* zum Guten.
SOPHOKLES

Alle wichtigen *Fragen*
entscheiden sich besser über
Nacht.
EPICHARMOS

Die leidenschaftliche
Diskussion sollte man mit den
Worten beenden: Und zudem
werden wir alle bald *sterben*.
JULES RENARD

Mancher will sprechen lernen
zu einem *Zeitpunkt*, wo er
lernen sollte,
endgültig zu schweigen.
MICHEL DE MONTAIGNE

Ach, den Lippen entquillt
Fülle des Herzens so *leicht*.
JOHANN WOLFGANG VON GOETHE

Ein *Einungskünstler* wäre in
jedem Fache der ganzen Welt
willkommen.
JOHANN WOLFGANG VON GOETHE

Der Charakter der heutigen
Kriegsführung ist bezeichnend
durch das Streben nach großer
und schneller *Entscheidung*.
HELMUTH VON MOLTKE

Man versteht das Künstliche gewöhnlich besser als das Natürliche. Es gehört mehr Geist auch zum Einfachen als zum Komplizierten – aber weniger *Talent*.

NOVALIS

Eins ergibt das andere, und Zeit bringt *Rat*.

NICCOLÒ MACHIAVELLI

Die besten Ratschläge enthalten etwas, was uns missfällt; sie sind nicht unseres Geistes Kinder, mehr braucht es nicht, sie zunächst einmal aus Eigendünkel und Laune zu verwerfen, und sie danach nur aus Not oder nach reiflicher *Überlegung* zu befolgen.

JEAN DE LA BRUYÈRE

Mit Streichen, nicht mit Worten lasst uns *fechten*!

FRIEDRICH VON SCHILLER

Den Mund auftun und
beleidigen ist bei manchen
Leuten eins.
JEAN DE LA BRUYÈRE

Das einfachste Konkrete
koinzidiert mit dem
Absoluten.
NIKOLAUS VON KUES

Bei deinen Handlungen
überlasse die *Entscheidung* nicht
der Leidenschaft,
sondern dem Verstande.
EPICHARMOS

Der Geist muss beschäftigt
werden; deshalb muss viel
sprechen, wer wenig denkt.
VAUVENARGUES

Nicht da ist man daheim,
wo man seinen *Wohnsitz* hat,
sondern wo man
verstanden wird.
CHRISTIAN MORGENSTERN

Entscheidungen:
Ausführungen nicht erhaltener
Befehle.
AMBROSE BIERCE

Einerlei Gefühl, einerlei
Wunsch, einerlei *Hoffnung*
einigt.
MATTHIAS CLAUDIUS

Enthusiasmus ist das schönste
Wort der Erde.
CHRISTIAN MORGENSTERN

Das Leben ist eine ernste
Angelegenheit.
Ach, wenn man doch daran
immer dächte, besonders in
Augenblicken
der *Entscheidung*!
LEO TOLSTOI

Meide alles,
was die Menschen trennt,
und tu alles, was sie *eint.*
LEO TOLSTOI

Ehe man ein schönes Wort
anwendet, muss man ihm
einen *Platz* bereiten.
JOSEPH JOUBERT

Ein Mensch, der viele Worte
benutzt, um seine *Absicht*
auszudrücken, gleicht einem
schlechten Schützen, der –
anstatt mit einem Stein
das Ziel zu treffen – eine
ganze Handvoll aufnimmt
und sie in der Hoffnung wirft,
es zu erreichen.
SAMUEL JOHNSON

Wen das *Wort* nicht schlägt,
den schlägt auch der Stock
nicht.
SOKRATES

Ein Wort nachzuschicken
ist immer *Zeit*,
niemals aber,
eines zurückzurufen.
BALTHASAR GRACIÁN

Es gibt kein *Wort*, das nicht
schon früher gesagt worden ist.
TERENZ

Seid *einig*, einig, einig!
FRIEDRICH VON SCHILLER

Die *Zeit* vergeht.
Das gesprochene Wort
aber bleibt.
LEO TOLSTOI

Lieber ein paar verkehrte
Worte als einen verkehrten
Sinn!
GOTTHOLD EPHRAIM LESSING

Große Geister sagen in
wenigen Worten viel, kleine
in vielen nichts.
LA ROCHEFOUCAULD

So leicht ein *Wort* dem scheint,
der es hinwirft, so schwer dem,
der es aufnimmt und wiegt.
BALTHASAR GRACIÁN

Es ist unglaublich, welche
Gewalt Worte üben können.
ADALBERT STIFTER

Es kostet Kunst,
sich selbst zu überreden,
dass man *glücklich* ist.
GOTTHOLD EPHRAIM LESSING

Überzeugen

Überzeugung ist das Gewissen
des Geistes.
NICOLAS CHAMFORT

Die *verstehen* sehr wenig, die
nur das verstehen, was sich
erklären lässt.
MARIE VON EBNER-ESCHENBACH

Niemand, der sich nicht selbst
überzeugt, wird von dir
überzeugt werden.
AUGUST VON PLATEN

Jeder sieht am andern nur so
viel, als er selbst auch ist:
Denn er kann ihn nur nach
Maßgabe seiner eigentlichen
Intelligenz
fassen und verstehen.
ARTHUR SCHOPENHAUER

Einfachheit ist unabdingbare Voraussetzung und Merkmal der Wahrheit.
LEO TOLSTOI

Der einfachste Mensch ist immer noch ein sehr kompliziertes *Wesen*.
MARIE VON EBNER-ESCHENBACH

Nur der *Weise* kann eine unwiderlegbare Überzeugung haben.
EPIKUR

Denn das *Wahre* ist einfach und gibt wenig zu tun, das Falsche gibt Gelegenheit, Zeit und Kräfte zu zersplittern.
JOHANN WOLFGANG VON GOETHE

Die Stärke unserer Überzeugung ist schlechterdings kein Beweis für ihre *Richtigkeit*.
JOHN LOCKE

Aus den Leidenschaften
wachsen die Meinungen,
die *Trägheit* des Geistes
lässt sie zu Überzeugungen
erstarren.
FRIEDRICH NIETZSCHE

Man lässt sich gewöhnlich
lieber durch *Gründe*
überzeugen, die man selbst
erfunden hat, als durch solche,
die anderen in den Sinn
gekommen sind.
BLAISE PASCAL

Die *Vaterschaft* beruht
überhaupt nur auf der
Überzeugung;
ich bin überzeugt,
und also bin ich Vater.
JOHANN WOLFGANG VON GOETHE

Dass anderer Menschen
Gedanken solchen Einfluss
auf uns haben!
JOHANN WOLFGANG VON GOETHE

Der Mensch besteht in der *Wahrheit*. Gibt er die Wahrheit preis, so gibt er sich selbst preis. Wer die Wahrheit verrät, verrät sich selbst. Es ist hier nicht die Rede vom Lügen, sondern vom Handeln gegen Überzeugung.
NOVALIS

Wer nicht *zweifelt*, wird nicht überzeugt.
FRIEDRICH HÖLDERLIN

Es bleibt einem jeden immer noch so viel *Kraft*, das auszuführen, wovon er überzeugt ist.
JOHANN WOLFGANG VON GOETHE

Denn nichts, was wirkt, ist ohne *Einfluss*, und manches Folgende lässt sich ohne das Vorhergehende nicht begreifen.
JOHANN WOLFGANG VON GOETHE

Reichtum und Einfluss
erhalten sich gegenseitig:
Das eine hat ohne das
andere kaum *Bestand.*
JEAN-JAQUES ROUSSEAU

Einfluss auf Menschen ist
mehr wert als Reichtum.
VAUVENARGUES

Was aber eine *Einheit* bilden
soll, muss der Art nach
verschieden sein.
ARISTOTELES

Wer mir etwas sagen will,
muss *stärker* sein als ich.
WALTHER RATHENAU

Auf alle Fälle sind wir genötigt,
unser *Jahrhundert*
zu vergessen,
wenn wir nach
unserer Überzeugung
arbeiten wollen.
JOHANN WOLFGANG VON GOETHE

Alle meine Überzeugung ist
nur Glaube, und sie kommt
aus der *Gesinnung*,
nicht aus dem Verstande.
JOHANN GOTTLIEB FICHTE

Willst du einen Menschen
überzeugen, dass er unrecht tut,
dann tue recht!
Aber bemühe dich nicht, ihn zu
überzeugen. Menschen
glauben, was sie sehen.
Lass sie *sehen*!
HENRY DAVID THOREAU

Ohne vollendetes
Selbstverständnis wird man
nie andre wahrhaft
verstehn lernen.
NOVALIS

Die *Überzeugung* ist
der Glaube, in irgendeinem
Punkt der Erkenntnis
im Besitz der Wahrheit zu sein.
FRIEDRICH NIETZSCHE

Einsicht hilft dem
Eichenfäller besser als Stärke.
HOMER

Wer nach seiner Überzeugung
handelt, und sei sie noch so
mangelhaft, kann nie ganz
zugrunde gehen, wogegen
nichts seelentötender wirkt,
als gegen das innere
Rechtsgefühl das äußere Recht
in Anspruch zu nehmen.
ANNETTE VON DROSTE-HÜLSHOFF

Es gibt zwei gefährliche
Abwege: die *Vernunft*
schlechthin zu leugnen
und außer der Vernunft nichts
anzuerkennen.
BLAISE PASCAL

Denn wo erkenn ich, dass der
Vielerfahrenen *Ratschlüsse*
stets ein segensvolles
Ende krönt?
SOPHOKLES

Vernunft annehmen kann
niemand, der nicht schon
welche hat.
MARIE VON EBNER-ESCHENBACH

Überzeugungen sind
gefährlichere Feinde der
Wahrheit als *Lügen*.
FRIEDRICH NIETZSCHE

Die *Überzeugung* des Geistes
zieht nicht immer die des
Herzens nach sich.
VAUVENARGUES

Der Mensch wirkt alles,
was er vermag, auf den
Menschen durch seine
Persönlichkeit.
JOHANN WOLFGANG VON GOETHE

Nur auf gründlichen
Untersuchungen basiertes
Urteil wird unsere
Überzeugungen regeln können.
OTTO VON BISMARCK

Es ist nicht der Kampf der *Meinungen*, welcher die Geschichte so gewalttätig gemacht hat, sondern der Kampf des Glaubens an die Meinungen, das heißt der Überzeugungen.
FRIEDRICH NIETZSCHE

Zum *Handeln* gehört wesentlich Charakter, und ein Mensch von Charakter ist ein anständiger Mensch, der als solcher bestimmte Ziele vor Augen hat und diese mit Festigkeit verfolgt.
FRIEDRICH HEGEL

Zwar denke ich vieles mit der allerklarsten Überzeugung,
was ich niemals den Mut
haben werde zu *sagen*;
niemals aber werde ich
etwas sagen,
was ich nicht denke.
IMMANUEL KANT

Aufrichtig zu sein kann ich versprechen, unparteiisch zu sein aber nicht.

JOHANN WOLFGANG VON GOETHE

Von dem, was sie *verstehen*, wollen sie nichts wissen.

JOHANN WOLFGANG VON GOETHE

In der *Welt* lernt der Mensch nur aus Not oder Überzeugung.

JOHANN HEINRICH PESTALOZZI

Begeistern

Begeisterung ist keine
Heringsware, die man
einpökelt auf einige Jahre.
JOHANN WOLFGANG VON GOETHE

Begeisterung ist darum so
schätzbar, weil sie der
menschlichen *Seele* die Kraft
einflößt, ihre schönsten
Anstrengungen zu machen
und fortzusetzen.
SAMUEL SMILES

Nichts *Großes* ist je ohne
Begeisterung geschaffen
worden.
RALPH WALDO EMERSON

Die Begeisterung beginnt,
die *Schurkerei* vollendet.
VOLTAIRE

Es siegt immer und notwendig
die Begeisterung über den,
der nicht begeistert ist.
Nicht die Gewalt der Arme
noch die Tüchtigkeit
der Waffen, sondern die *Kraft*
des Gemütes ist es,
welche Siege erkämpft.
JOHANN GOTTLIEB FICHTE

Ohne Begeisterung,
welche die Seele mit einer
gesunden *Wärme* erfüllt,
wird nie etwas Großes
zustande gebracht werden.
ADOLPH VON KNIGGE

Begeisterung ist nichts als
moralische Trunkenheit.
GEORGE BYRON

Begeisterung spricht nicht
immer für den, der sie erweckt,
und immer für den,
der sie empfindet.
MARIE VON EBNER-ESCHENBACH

Der Anblick eines wahrhaft
Glücklichen macht *glücklich.*
JOHANN WOLFGANG VON GOETHE

Der ist *beglückt*,
der sein darf, was er ist.
FRIEDRICH VON HAGEDORN

Begeisterung aber ist
die Mutter alles Großen.
FRANZ GRILLPARZER

Mit andern kann man sich
belehren, begeistert wird man
nur allein.
JOHANN WOLFGANG VON GOETHE

Begeisterung ist immer ruhig,
immer langsam und
bleibt *innig*.
JOSEPH JOUBERT

Nur wer sich echt
begeistern kann,
ein *Riesenwerk* beginnen kann.
JÜDISCHE SPRUCHWEISHEIT

Du brauchst nur zu *lieben*,
und alles ist Freude.
LEO TOLSTOI

Das *Überraschende* macht
Glück.
FRIEDRICH VON SCHILLER

Denn solange ich lebe,
freue ich mich ähnlich
wie die *Götter*.
EPIKUR

Das mühsam erlangte *Glück*
wird doppelt genossen.
BALTHASAR GRACIÁN

Nur das fröhliche Herz allein
ist fähig, *Wohlgefallen* an dem
Guten zu empfinden.
IMMANUEL KANT

Keine *Leistung* entschädigt
für den Verlust an
menschlichem Frohsinn.
RALPH WALDO EMERSON

Die *Freude* an sich ist gut, und
auch die sinnlichste enthält
einen unmittelbaren Genuss
höhern menschlichen Daseins.
FRIEDRICH VON SCHLEGEL

Denn ein Herz voll Freude
sieht alles *fröhlich* an, ein Herz
voll Trübsal alles trübe.
MARTIN LUTHER

Wie doch *Freude* und Glück
einen Menschen schön
machen!
FJODOR MICHAILOWITSCH DOSTOJEWSKIJ

Der plötzliche Ausbruch ist
nicht Begeisterung und auch
nicht aus ihr hervorgegangen,
er kommt aus einem heftigen
Zustand.
JOSEPH JOUBERT

Wo ein Begeisteter steht, da ist
der *Gipfel* der Welt.
JOSEPH VON EICHENDORFF

Phlegmatische Naturen
sind nur so zu begeistern,
dass man sie fanatisiert.
FRIEDRICH NIETZSCHE

Gelten lassen ist schwerer als
sich begeistern.
HUGO VON HOFMANNSTHAL

Ihr seid ja heut wie nasses
Stroh und brennt sonst immer
lichterloh.
JOHANN WOLFGANG VON GOETHE

Fröhliche Menschen sind nicht
bloß glückliche, sondern in der
Regel auch gute Menschen.
KARL JULIUS WEBER

Das Glück und nicht die *Sorge*
bändigt die Gefahr.
JOHANN WOLFGANG VON GOETHE

Heiterkeit zieht an,
Heiterkeit ist wie ein Magnet.
THEODOR FONTANE

Das Leben, es mag sein,
wie es will, ist ein *Glück*,
das von keinem andern
übertroffen wird.
LEO TOLSTOI

Heiterkeit und Freudigkeit ist
der *Himmel*, unter dem alles
gedeiht.
JEAN PAUL

Alles Fühlende leidet in mir,
aber mein Wille
ist stets mein Bezwinger
und *Freudenbringer.*
FRANZISKA GRÄFIN ZU REVENTLOW

Da, wo die *Nüchternheit* dich
verlässt, da ist die Grenze
deiner Begeisterung.
FRIEDRICH HÖLDERLIN

Die Begeisterung ist die Mutter
des Ideals, und der *Begriff* sein
Vater.
FRIEDRICH VON SCHLEGEL

Heiterkeit ist die Mutter von Einfällen.
VAUVENARGUES

Freude – *Gesundheit* der Seele.
ARISTOTELES

Frohsinn, Freude ist eine Form der Erfüllung des göttlichen Willens.
LEO TOLSTOI

Freude kommt aus dem Willen, der sich abmüht, *Hindernisse* überwindet, triumphiert.
WILLIAM BUTLER YEATS

Niemand taugt ohne *Freude*.
WALTHER VON DER VOGELWEIDE

Wenn du *Menschen* erfreuen willst, musst du sie auf ihre Weise erfreuen.
PHILIP CHESTERFIELD

Nur der Schmerz trennt
und vereinzelt,
in der Freude verlieren
sich alle *Grenzen*.
FRIEDRICH VON SCHLEGEL

Was anders wäre *Freude*, als
Freude machen?
GEORGE BYRON

Das schönste Geschenk der
Seele für den Menschen ist die
Fähigkeit zur Freude.
VAUVENARGUES

Die Freude ist ein
Handelshaus,
sie muss wechseln,
denn im Wechsel liegt Freude.
FERDINAND RAIMUND

Die *Fröhlichkeit* des
Menschen ist der Zug,
der mehr als alles andere
den Menschen verrät.
FJODOR MICHAILOWITSCH DOSTOJEWSKIJ

Es darf jeder Mensch *Freude* haben, aber an guten und erlaubten Dingen.
JEREMIAS GOTTHELF

Wer *schaffen* will,
muss fröhlich sein.
THEODOR FONTANE

Immer die kleinen Freuden
aufpicken,
bis das große Glück kommt.
Und wenn es nicht kommt,
dann hat man wenigstens die
kleinen Glücke gehabt.
THEODOR FONTANE

Die Menschen werden immer finden, dass die ernsteste Sache in ihrem *Dasein* die Freude ist.
GUSTAVE FLAUBERT

Man kann die Menschen nicht *lieben*, ohne ihre Freude zu lieben.
FJODOR MICHAILOWITSCH DOSTOJEWSKIJ

Ich habe nichts so gern wie
fröhliche Menschen.
THEODOR FONTANE

Solange das *Schicksal* es
erlaubt, lebt froh!
SENECA

Und seid von Herzen *froh*:
Das ist das A und O.
JOHANN WOLFGANG VON GOETHE

Die *Menschen* müssen leiden,
um stark zu werden,
dachte ich.
Jetzt denke ich,
sie müssen Freude haben,
um gut zu werden.
WILHELM VON HUMBOLDT

Wer im Glücke lebt,
bewache drum sein *Leben* desto
mehr;
sonst merkt er's nicht
und ist bereits verdorben.
SOPHOKLES

Ein fröhlich‘ *Herz* lebt am
längsten.
WILLIAM SHAKESPEARE

Ein guter *Gedanke* macht froh,
erst recht eine gute Tat.
PETER ROSEGGER

Wahrlich, unser *Leben*
währt nur kurz,
durchmesst denn seine Bahnen
auf das Fröhlichste!
EURIPIDES

Die Menschen sollen sich
einander bei den Händen
fassen und nicht nur gut sein,
sondern auch froh.
Die *Freude* ist der Sommer,
der die inneren Früchte färbt
und schmilzt.
JEAN PAUL

Das *Glück* gehört denen, die
sich selber genügen.
ARISTOTELES

Wozu soll mir das Glück,
wenn es nicht zu *nutzen* erlaubt
ist.
HORAZ

Vergiss nicht: Man benötigt
nur *wenig*, um ein glückliches
Leben zu führen!
MARC AUREL

Es gibt kein Glück
ohne den Glauben,
dass wir es auch *verdienen*.
JOSEPH JOUBERT

Alle *Gelegenheit*, glücklich zu
werden, hilft nichts, wer den
Verstand nicht
hat, sie zu benutzen.
JOHANN PETER HEBEL

Das höchste Glück ist das,
welches unsere Mängel
verbessert und unsere *Fehler*
ausgleicht.
JOHANN WOLFGANG VON GOETHE

Das Glück *verbessern.*
GOTTHOLD EPHRAIM LESSING

Dem Greifenden ist meist
Fortuna hold.
JOHANN WOLFGANG VON GOETHE

Das Glück lenkt alles zum
Vorteil seiner *Günstlinge.*
LA ROCHEFOUCAULD

Verkaufen

Jeder lebt davon,
dass er etwas verkauft.
ROBERT LOUIS STEVENSON

Niemand will sie geschenkt:
so muss sie sich schon
verkaufen!
FRIEDRICH NIETZSCHE

Was sich zu tun lohnt,
lohnt sich *gut zu tun.*
THOMAS CARLYLE

Das Gute ist für alle Dinge
das genaueste *Maß.*
ARISTOTELES

Lasst uns nie aus Furcht
verhandeln, aber lasst uns
auch nie fürchten *zu handeln.*
FRANZ KAFKA

Wenn du *Waren* auf dem
Lager hast,
bedenke,
die Käufer werden niemals alle.
CHINESISCHES SPRICHWORT

Stelle keinen Menschen ein,
der deine *Arbeit* für Geld
verrichtet,
sondern den,
der sie gerne tut.
HENRY DAVID THOREAU

Viel vermag,
wer überraschend *wagt*.
EMANUEL GEIBEL

Ein *guter Mann* wird stets
das Bessere wählen.
EURIPIDES

Was *Vorteil* bringt,
das tut man unverzagt.
SOPHOKLES

Wir können nicht mit jenen
verhandeln, die sagen:
was mein ist, ist mein;
und was dein ist,
ist *Verhandlungssache.*
JOHN F. KENNEDY

Was ist unser höchstes *Gesetz?*
Unser eigener Vorteil!
JOHANN WOLFGANG VON GOETHE

Aktivität bringt mehr Glück als
Klugheit.
VAUVENARGUES

Man muss sich für nichts
zu *gering* halten.
GEORG CHRISTOPH LICHTENBERG

Frisch gewagt
ist halb *gewonnen.*
HORAZ

Freundlichkeit
kann man kaufen.
MARIE VON EBNER-ESCHENBACH

Die *Übertreibung* ist der Lüge verwandt, und durch dieselbe kommt man um den guten Ruf des guten Geschmacks, welches viel, und um den der Verständigkeit, welches mehr ist.

BALTHASAR GRACIÁN

Wir *unterschätzen* das, was wir haben, und überschätzen das, was wir sind.

MARIE VON EBNER-ESCHENBACH

Überschätzung macht leicht den Menschen, der überschätzt wird, *hochmütig*.

SPINOZA

Allem kann ich widerstehen, nur der *Versuchung* nicht.

OSCAR WILDE

Jeder *Superlativ* reizt zum Widerspruch.

OTTO VON BISMARCK

Vertrauen ist Mut, und
Treue ist Kraft.
MARIE VON EBNER-ESCHENBACH

Kein *Vertrag*, der nicht ein
Denkmal der Unehrlichkeit
der Herrscher wäre.
VAUVENARGUES

Vorsicht und Misstrauen sind
gute Dinge, nur sind auch
ihnen gegenüber *Vorsicht*
und Misstrauen nötig.
CHRISTIAN MORGENSTERN

Bedenke, dass du die *Sorgfalt*
eher lernen sollst als die
Fertigkeit.
LEONARDO DA VINCI

Handel und *Wandel* leidet keine
Freundschaft,
aber Freundschaft leidet auch
keinen Wandel und Handel.
GOTTHOLD EPHRAIM LESSING

Alles Vortreffliche ist *selten.*
CICERO

Zweideutigkeiten werden oft
von beiden Vertragspartnern
verschleiert. Das beweist,
dass beide sich förmlich
vorgenommen haben,
bei der ersten Gelegenheit
den Vertrag zu brechen.
VAUVENARGUES

Die Notwendigkeit zwingt,
die *Versprechen* zu halten, die
die Notwendigkeit einem
abgerungen hat.
NICCOLÒ MACHIAVELLI

Halte dein Versprechen und
erwidere die *Hilfeleistung*!
OVID

Wenn es einen *Weg* gibt, etwas
besser zu machen, finde ihn.
THOMAS ALVA EDISON

Besser, man wird im *Preis*
als in der Ware betrogen!
BALTHASAR GRACIÁN

Wer das *Geld* bringt, kann die
Ware nach seinem Sinn
verlangen.
JOHANN WOLFGANG VON GOETHE

Immer handle *maßvoll*.
HOMER

Handeln, das ist es, wozu wir da
sind.
JOHANN GOTTLIEB FICHTE

Leben heißt nicht atmen,
sondern – *handeln*.
JEAN-JACQUES ROUSSEAU

Kannst nicht allen gefallen
durch deine Tat und dein
Kunstwerk.
Mach es wenigen recht,
vielen gefallen ist schlimm.
FRIEDRICH VON SCHILLER

Handeln schafft mehr
Vermögen als Vorsicht.
VAUVENARGUES

Wer nicht handelt, dem wird
der Himmel nie *helfen*.
SOPHOKLES

Handeln ist höchster
Egoismus.
FRIEDRICH HEBBEL

Was wäre das Leben,
hätten wir nicht den Mut,
etwas zu *riskieren*.
VINCENT VAN GOGH

Nur ein verzweifelter *Spieler*
setzt alles auf einen einzigen
Wurf.
FRIEDRICH VON SCHILLER

Der eine wartet, dass die *Zeit*
sich wandelt, der andere packt
sie kräftig an und handelt.
DANTE ALIGHIERI

Der *Wege*, sich zu bereichern,
sind viele.
FRANCIS BACON

Ein *Geist*, der mit
verschiedenen Geschäften
umgeht, kann sich
nicht sammeln.
MARTIN LUTHER

Wer *Urteilskraft* in
Geschäften zeigt, ist gescheit.
Hat er dabei zugleich Witz,
so heißt er klug.
IMMANUEL KANT

Wenn ein *Jahr* nicht leer
verlaufen soll,
muss man beizeiten
anfangen.
JOHANN WOLFGANG VON GOETHE

Meistens belehrt uns erst der
Verlust über den Wert der
Dinge.
ARTHUR SCHOPENHAUER

Der kommt am weitesten,
der anfangs selbst nicht weiß,
wie weit er kommen werde,
dafür aber jeden Umstand,
den ihm die Zeit gewährt,
nach festen *Maßregeln*
gebraucht.
JOHANN GOTTFRIED VON HERDER

Durch *Betrug* erlistet,
ist noch nicht gewonnen.
SOPHOKLES

Mach keine schlechten
Gewinne, sie sind so schlimm
wie Verluste.
HESIOD

Wie du gesät hast,
so wirst du *ernten*.
CICERO

Ist doch das *Leben* nur
auf Gewinn und Verlust
berechnet.
JOHANN WOLFGANG VON GOETHE

Wenn du stark bist,
dann beginne, wo du stark bist.
Wenn nicht, beginne dort,
wo du eine *Niederlage* am
leichtesten verschmerzen
kannst.
NICCOLÒ MACHIAVELLI

Der Weise ist auf alle
Ereignisse vorbereitet.
MOLIÈRE

Die *Vorurteile* sind sozureden
die Kunsttriebe der Menschen,
sie tun dadurch vieles, das
ihnen zu schwer würde bis
zum Entschluss
durchzudenken, ohne alle
Mühe.
GEORG CHRISTOPH LICHTENBERG

Klug ist, wer ruhig sich verhält
und zur rechten Zeit;
und diese *Vorsicht* ist es, die
den Mann bewährt.
EURIPIDES

Die Vorsicht ist einfach, die *Hinterdreinsicht* vielfach.
JOHANN WOLFGANG VON GOETHE

Alles Vortreffliche ist ebenso schwierig wie *selten*.
SPINOZA

Der völlig vorurteilslos ist, muss es auch gegen das *Vorurteil* sein.
MARIE VON EBNER-ESCHENBACH

Nur der *Betrug* entehrt, der Irrtum nie.
GEORG CHRISTOPH LICHTENBERG

Aufrichtig sein und ehrlich bringt Gefahr.
WILLIAM SHAKESPEARE

Ehrlichkeit ist das Einzige, was höher steht als Leben, Liebe, Tod, als alles andere. Sie allein ist beständig.
KATHERINE MANSFIELD

Dem, der sich mit *Geduld*
wappnet, liegen keine Vorteile
zu fern.
JEAN DE LA BRUYÈRE

Die einfachste Art,
sein Wort zu halten, ist,
es nicht zu geben.
NAPOLEON BONAPARTE

Erfahrung ist der beste
Lehrmeister.
Nur das Schulgeld ist teuer.
THOMAS CARLYLE

Das kleinste Kapitel
eigener *Erfahrung* ist
mehr wert als Millionen
fremder Erfahrung.
GOTTHOLD EPHRAIM LESSING

Der *Erfolg* bietet sich meist
denen, die mutig handeln;
nicht denen, die alles abwägen
und nichts wagen wollen.
HERODOT

Die Erfolge des Tages
gehören der verwegnen
Mittelmäßigkeit.
MARIE VON EBNER-ESCHENBACH

Erfolg ist eine
Folgeerscheinung, niemals
darf er zum Ziel werden.
GUSTAVE FLAUBERT

Ich bin Pessimist für die
Gegenwart, aber *Optimist*
für die Zukunft.
WILHELM BUSCH

Denn wie gäbe es
einen Ersten, wenn ihm nicht
ein Zweiter folgte?
FRANCESCO PETRARCA

Gespannte *Erwartung* wird
selten befriedigt.
JOHANN WOLFGANG VON GOETHE

Erst wägen, dann *wagen*!
OSWALD SPENGLER

Durch *Humor* wird das
eigentümlich Bedingte
allgemein interessant –
und erhält objektiven Wert.
NOVALIS

Was du *erwartest*,
schätzest du zu sehr.
JOHANN WOLFGANG VON GOETHE

Nichts ist so sicher geschützt,
dass es nicht mit *Geld*
erobert werden könnte.
CICERO

Geduld und *Fleiß*,
und ich bin überzeugt,
ich werde alles erreichen,
was ich will.
LEO TOLSTOI

Mit dem Fleiße bringt ein
mittelmäßiger Kopf es weiter
als ein überlegener ohne
denselben.
BALTHASAR GRACIÁN

Erfahrung wird durch Fleiß
und Müh erlangt.
WILLIAM SHAKESPEARE

Es hat noch nie jemand
etwas Ordentliches geleistet,
der nicht etwas
Außerordentliches
leisten wollte.
MARIE VON EBNER-ESCHENBACH

Wer dauerhaften Erfolg haben
will, muss sein *Vorgehen*
ständig ändern.
NICCOLÒ MACHIAVELLI

Jeder übermütige *Sieger*
arbeitet an seinem Untergang.
JEAN DE LA FONTAINE

Selbst Engelszungen haben
nur Erfolg, wenn der
Resonanzboden
für das, was sie predigen,
vorhanden ist.
AUGUST BEBEL

Jeder Mensch, so weise er sich
dünkt, der mit der Anbetung
des Erfolgs beginnt, endet in
der *Mittelmäßigkeit.*
GILBERT KEITH CHESTERTON

Keine Festung ist so stark, dass
Geld sie nicht einnehmen kann.
CICERO

Bei der Wahl der Worte genügt
allein, dass sie den rechten
Sinn ausdrücken.
KONFUZIUS

Gewohnheit wird durch
Gewohnheit überwunden.
THOMAS VON KEMPEN

Wer etwas Großes will,
der muss sich zu
beschränken wissen;
wer dagegen alles will,
der will in der Tat nichts
und bringt es zu nichts.
FRIEDRICH HEGEL

Die *Sachen* schlecht
ausgeführt, werden
desto unerträglicher.
CHRISTOPH WILLIBALD VON GLUCK

Nur im Wegwerfen des
Zufälligen und im reinen
Ausdruck des Notwendigen
liegt der große Stil.
FRIEDRICH VON SCHILLER

Der *Stil* ist das Kleid der
Gedanken.
PHILIP CHESTERFIELD

Ein Stil bildet sich nicht durch
Absicht und Reflexion,
sondern durch einen leitenden
Instinkt der Zeit.
FRIEDRICH THEODOR VISCHER

Jede *Gelegenheit*, den Stil
zu verbessern, sollte man
ergreifen,
als wäre sie die letzte.
HENRY DAVID THOREAU

Kürze erfordert immer mehr
Mühe als Weitschweifigkeit.
CHARLES BAUDELAIRE

Den *Stil verbessern* heißt, den
Gedanken verbessern
und gar nichts weiter. Wer dies
nicht sofort zugibt, ist auch
nie davon zu überzeugen.
FRIEDRICH NIETZSCHE

Vertrauen weckt Vertrauen.
SPRICHWORT

Der *Unterschied* zwischen
dem richtigen Wort und dem
beinahe richtigen ist derselbe
wie zwischen dem Blitz und
einem Glühwürmchen.
MARK TWAIN

Zaghaftigkeit in der
Ausführung macht
tollkühne Unternehmungen
zunichte.
VAUVENARGUES

Alles hienieden besteht nur
durch die *Bewegung* und die
Zahl.

HONORÉ DE BALZAC

Das Wissen um das Ziel setzt
den Drang nach dem *Ziel*
voraus.

OSWALD SPENGLER

Jeder muss sich ein Ziel setzen,
das er nicht erreichen kann,
damit er stets zu ringen und zu
streben habe.

JOHANN HEINRICH PESTALOZZI

Die *Schwierigkeiten* wachsen,
je näher man dem Ziele
kommt.

JOHANN WOLFGANG VON GOETHE

Übers Ziel *hinausschießen*
ist ebenso schlimm
wie nicht ans
Ziel kommen.

KONFUZIUS

Das Ziel muss man früher
kennen als die *Bahn.*
JEAN PAUL

Man kann weder größere noch
kleinere *Herrschaft* besitzen
als die über sich selbst.
LEONARDO DA VINCI

Jeder hält sich für das Größte
berufen, und das Kleinste
kann er nicht.
THEODOR FONTANE

Kunst des Redens

Das Schönste auf der Welt ist
die *Redefreiheit.*
DIOGENES

Von den Menschen
lernen wir reden,
von den Göttern *schweigen.*
PLUTARCH

Der *Ehrenmann* hierzulande
ist nicht der, welcher
rechtschaffen handelt,
sondern der, welcher schöne
Dinge sagt.
JEAN-JACQUES ROUSSEAU

Jeder spricht *Unsinn.*
Ein Unglück ist nur,
wenn man es feierlich tut.
MICHEL DE MONTAIGNE

Die *Rede* ist die Kunst,
Glauben zu erwecken.
ARISTOTELES

Bedächtige Reden führen stets
zum klügsten Ziel.
EURIPIDES

Gehe beiseite, wenn man zu laut
oder zu leise redet.
JOHANN HEINRICH PESTALOZZI

Ein Kluger bemerkt alles.
Ein Dummer macht über alles
eine *Bemerkung*.
HEINRICH HEINE

Die Taten sind die *Substanz*
des Lebens, die Reden sein
Schmuck.
BALTHASAR GRACIÁN

In der Regel sind *Schwätzer*
leere Flaschen;
volle klingen nicht.
KARL JULIUS WEBER

Du bist ein *Held* in Worten,
aber redlich fand ich
keinen noch, der blendend
über alles sprach.
SOPHOKLES

Ich habe mich in meinem
Leben vor nichts so sehr als
vor leeren Worten gehütet, und
eine *Phrase*,
wobei nichts gedacht und
nichts empfunden war,
schien mir an anderen
unerträglich,
an mir unmöglich.
JOHANN WOLFGANG VON GOETHE

Ich kann doch nicht den Mund
auftun und reden,
wo keiner von allen mich
verstehen würde.
FRANZISKA GRÄFIN ZU REVENTLOW

Kürze die lange Rede, damit
sie nicht verdächtig wirke!
SENECA

Das Wichtigste am Redner ist
Redlichkeit; ohne sie ist er ein
hohler Wortemacher.
JEAN DE LA BRUYÈRE

Allein der *Vortrag* macht des
Redners Glück.
JOHANN WOLFGANG VON GOETHE

Wenn man einmal weiß,
worauf es ankommt,
hört man auf,
gesprächig zu sein.
JOHANN WOLFGANG VON GOETHE

Vorsicht im Reden geht über
Beredsamkeit.
FRANCIS BACON

Ein redlich Wort macht
Eindruck, schlicht gesagt.
WILLIAM SHAKESPEARE

Solange man *selbst redet*,
erfährt man nichts.
MARIE VON EBNER-ESCHENBACH

Ich weiß wohl,
dass viele unter dem Schein
von *Anteilnahme*
uns zum Reden bringen und
uns hinterher verhöhnen.
NICCOLÒ MACHIAVELLI

Die *Definition* enthält alles,
was zur Wesentlichkeit des
Gegenstandes gehört,
worin seine Natur auf eine
einfache Grundbestimmung
zurückgebracht ist als Spiegel
für alle Bestimmtheit,
die allgemeine Seele
alles Besonderen.
FRIEDRICH HEGEL

Man muss bedenken,
dass unter den Menschen gar
viele sind, die doch auch etwas
Bedeutendes sagen wollen, ohne
produktiv zu sein, und da
kommen die wunderlichsten
Dinge an den Tag.
JOHANN WOLFGANG VON GOETHE

Es ist ein *Riesenunterschied*,
ob ein Gott oder ein Held
spricht.
HORAZ

Viel reden heißt, alles *zerreden.*
LEO TOLSTOI

Sprachkürze gibt Denkweite.
JEAN PAUL

Wer zu den Köpfen redet,
muss viele *Sprachen* verstehen,
und man versteht nur eine gut;
wer mit dem Herzen spricht, ist
allen verständlich.
LUDWIG BÖRNE

Eine gute Rede
soll das *Thema* erschöpfen,
nicht die Zuhörer.
WINSTON CHURCHILL

Klug fragen können,
ist die halbe *Weisheit.*
FRANCIS BACON

Etwas, worüber man nicht
redet, ist gar nicht geschehen.
Nur das Wort gibt den Dingen
Realität.
OSCAR WILDE

Sanftes Reden schadet nicht.
JEAN DE LA FONTAINE

Kein kluger Arzt bespricht
das *Übel* klagend,
das den Schnitt verlangt.
SOPHOKLES

Beredsamkeit:
eine Verschwörung zwischen
Rede und Tat mit der Absicht,
den Verstand zu übertölpeln.
AMBROSE BIERCE

Reden soll man möglichst
wenig, besonders mit
Menschen, mit denen man
in guten *Beziehungen* leben
möchte.
LEO TOLSTOI

Nichts ist schwerer, als eine
triviale Ansicht oder eine
eingebürgerte *Redensart* zu Fall
zu bringen.
NICOLAS CHAMFORT

Beredsamkeit ist die *Kunst*,
so von den Dingen zu
sprechen, dass jedermann gerne
zuhört.
BLAISE PASCAL

Der Weg zu allem Großen
geht durch die *Stille*.
FRIEDRICH NIETZSCHE

Man muss *denken*
wie die wenigsten
und reden wie die meisten.
ARTHUR SCHOPENHAUER

Man soll schweigen
oder Dinge sagen,
die noch besser sind
als das *Schweigen*.
PYTHAGORAS

Es genügt nicht,
dass eine Rede schön sei,
sie muss auch dem
Gegenstand angemessen sein,
so dass nichts zu viel ist
und auch nichts fehlt.
BLAISE PASCAL

Lerne *zuhören*,
und du wirst auch von
denjenigen Nutzen ziehen,
die dummes Zeug reden.
PLATON

Wer klug ist,
wird im *Gespräch* weniger
an das denken,
worüber er spricht, als an den,
mit dem er spricht.
ARTHUR SCHOPENHAUER

Um eine gut *improvisierte*
Rede halten zu können,
braucht man mindestens
drei Wochen.
MARK TWAIN

Wie die Natur, benutzen große
Menschen *einfache Worte.*
VAUVENARGUES

Scharfsinn ohne Empfindung ist
Mühlstein ohne Korn.
JEAN PAUL

Es gibt *Dinge*, die man nicht
schreibt.
NAPOLEON BONAPARTE

Leih jedem dein Ohr, doch
wenigen deine *Stimme.*
WILLIAM SHAKESPEARE

Was man ernst meint,
sagt man am besten im *Spaß.*
WILHELM BUSCH

Keine Rede,
die je gehalten wurde
oder werden könnte,
ist des Vergleiches mit
dem *Schweigen* wert.
THOMAS CARLYLE

Sprechen und Hören ist
Befruchten und *Empfangen.*
NOVALIS

Wer die *Welt* überzeugt,
regiert sie.
THOMAS CARLYLE

Ich spreche nicht gern mit
Leuten, die stets meiner
Meinung sind.
Eine Zeit lang macht es Spaß,
mit dem *Echo* zu spielen, auf
die Dauer aber ermüdet es.
THOMAS CARLYLE

Aufmerksam zuhören
ist das beste *Kompliment*
für den Redner.
THOMAS CARLYLE

Um die *Wahrheit*
wahrscheinlicher zu machen,
muss man ein bisschen Lüge
hineinmischen.
FJODOR MICHAILOWITSCH DOSTOJEWSKIJ

Denn es ist ein ander *Ding*
zu reden und zu tun.
ALBRECHT DÜRER

Wer so spricht,
dass er *verstanden* wird,
spricht immer gut.
MOLIÈRE

Kein *Thema* ist so alt,
dass nicht etwas Neues
darüber gesagt werden könnte.
FJODOR MICHAILOWITSCH DOSTOJEWSKIJ

Wenn man zuviel wichtige
Dinge zu sagen hat,
fängt man mit den
Unwichtigen an.
JEAN PAUL

Die *Erfahrung* lehrt
über und über,
dass die Menschen
nichts weniger in der Gewalt
haben als ihre Zunge.
SPINOZA

Ein Meister der Beredsamkeit
ist der, der *alles Nötige* sagt –
und nur dies.
LA ROCHEFOUCAULD

Was den *Rednern* an Tiefe
mangelt, ersetzen sie durch
Weitschweifigkeit.
MONTESQUIEU

Die Natur hat den Menschen
nur eine Zunge gegeben,
aber zwei Ohren,
damit wir doppelt so viel
hören wie *sprechen* können.
EPIKTET

Es ist ein Beweis hoher
Bildung, die größten Dinge auf
die einfachste Art zu sagen.
RALPH WALDO EMERSON

Kleines Business-Wörterbuch für Manager

... denn in der Wirtschaft spricht man eine andere Sprache.

Den passenden Ausdruck zu finden ohne dabei in Wiederholungen zu verfallen, ist oft nicht einfach.

Dabei gibt es eine Vielzahl sinnverwandter Wörter. Ob für Rede, Brief, Referat, Pressemitteilung oder Konferenz – mit dem präzisen Ausdruck kommt Ihre Botschaft einfach besser an. Schließlich hängt der Erfolg oder Misserfolg nicht zuletzt von der richtigen Wortwahl ab.

Das Kapitel „Business-Wörterbuch für Manager“ enthält eine Auswahl von Stichwörtern und Synonymen.
Sie können damit Ihre Sprache bewusster und variationsreicher gestalten.

ABSICHT:

Vorhaben, Plan, Vorsatz, Ziel, Projekt, Überlegung

ANERKENNUNG:

Lob, Auszeichnung, Würdigung, Beifall

ANFANG:

Beginn, Auftakt, Start, Gründung, Aufbruch

ARBEIT:

Tätigkeit, Beschäftigung, Verrichtung, Handeln, Tun

ARGUMENT:

Begründung, Bestätigung, Beweis, Darlegung

AUFGABE:

Auftrag, Funktion, Angelegenheit, Bestimmung

AUSDAUER:

Beharrlichkeit, Zielstrebigkeit, Standhaftigkeit, Entschlossenheit, Tatkraft

BANK:

Geldinstitut, Kreditinstitut, Bankhaus

BEGEISTERUNG:

Enthusiasmus, Schwung, Elan, Lust, Hingabe, Motivation

BEHARRLICHKEIT:

Entschiedenheit, Unbeugsamkeit, Beständigkeit, Wille, Fleiß

BEISPIEL:

Muster, Vorschau, Modell, Probe / Ansporn, Anregung, Exempel, Vorbild

BERUF:

Job, Stelle, Position, Aufgabe, Amt, Wirkungsbereich, Aufgabe, Ausübung

BESITZ:

Eigentum, Habe, Kapital, Wertsachen, Vermögen, Reichtum

BESONNENHEIT:

Klugheit, Ruhe, Gelassenheit, Umsicht, Bedachtsamkeit

BESSER:

erfolgreicher, zielstrebiger, konsequenter, sorgfältiger, geradliniger

BESTÄNDIGKEIT:

Dauerhaftigkeit, Haltbarkeit, Stetigkeit, Festigkeit, Kontinuität

BEURTEILUNG:

Bewertung, Einschätzung, Kritik

BEZIEHUNG:

Verbindung, Verknüpfung, Freundschaft, Gemeinschaft, Partnerschaft

CHANCE:

Möglichkeit, Aussicht, Nutzen, Gelegenheit, Glücksfall

CHARAKTER:

Wesen, Eigenschaften, Merkmal, Naturell

CHEF:

Vorgesetzter, Verantwortlicher, Meister, Leiter, Boss

COURAGE:

Mut, Kühnheit, Tapferkeit, Wagnis, Einsatzbereitschaft

DENKEN:

erwägen, spekulieren, konzipieren, verstehen, begreifen, erfassen

DISKUSSION:

Gesprächsrunde, Gesprächsforum, Debatte, Meinungsaustausch

DISZIPLIN:

Ordnung, Regelung, Richtung, Einhaltung, Zielsetzung

DURCHSETZEN:

bezwingen, überwinden, erkämpfen, durchdrücken, durchringen

EGOISMUS:

Eigennutz, Selbstsucht, Ichbezogenheit, Selbstherrlichkeit

EHRGEIZ:

Karriere, Zielstrebigkeit, Machtbestreben, Ansporn, Energie, Ausdauer

EIGENTUM:

Besitz, Vermögen, Kapital, Immobilien, Waren, Beteiligungen

ENTSCHLOSSENHEIT:

Festigkeit, Beharrlichkeit, Beständigkeit, Standhaftigkeit

ERFAHRUNG:

Praxis, Einsicht, Kenntnis, Wissen

ERFOLG:

Ergebnis, Resultat, Leistung, Gewinn

FÄHIG:

talentiert, tauglich, geeignet,
ausgebildet, motiviert

FEHLER:

unvollständig, mangelhaft, defekt /
Fehlgriff, Entgleisung, Verwirrung

FLEISS:

Strebsamkeit, Schaffenslust,
Schaffensfreude, Motivation

FÜHRUNG:

Direktion, Organisation, Leitung,
Management, Vorstand

GEDULD:

Ausdauer, Gelassenheit,
Besonnenheit, Ruhe

GELD:

Zahlungsmittel, Banknoten, Devisen,
Scheine, Münzen, Vermögen,
Finanzwerte

GESCHÄFT:

Betrieb, Firma, Filiale, Handel /
Verhandlungsabschluss,
Partnerschaft, Kooperation

GEWINN:

Profit, Ertrag, Zunahme, Steigerung,
Nutzen, Optimierung

GRUNDSÄTZE:

Richtlinien, Gesetze, Erklärungen, Festlegungen, Übereinstimmungen

HANDELN:

bewegen, agieren, wirken, beitragen, aktiv werden / Geschäfte machen

HINDERNIS:

Erschwerung, Hemmnis, Widerstand, Schwierigkeit, Sperrung, Blockade

HÖFLICHKEIT:

Freundlichkeit, Gefälligkeit, Liebenswürdigkeit, Taktgefühl, Zuvorkommenheit

IDEE:

Einfall, Gedanke, Geistesblitz, Erleuchtung, Erkenntnis, Entwurf, Konzept

INDIVIDUALITÄT:

Persönlichkeit, Eigentümlichkeit, Besonderheit, Charakter, Merkmal

INNOVATION:

Kreativität, Umwandlung, Neuschöpfung, Veränderung, Verbesserung

INTELLEKT:

Denkvermögen, Denkfähigkeit, Scharfsinn, Verstand, Ratio, Auffassungsgabe

IRRTUM:

Fehleinschätzung, Fehlgriff, Missverständnis, Schnitzer

JOURNALISMUS:
: Presse, Berichterstattung, Reportage, Meldung, Nachricht

JUSTIZ:
: Gerichtsbarkeit, Rechtsprechung, Rechtswesen

KARRIERE:
: Aufstieg, Beförderung, Verbesserung, Fortkommen, Qualifizierung

KOMMERZIELL:
: wirtschaftlich, ökonomisch, profitorientiert

KOMMUNIKATION:
: Verständigung, Übermittlung, Besprechung, Korrespondenz, Mitteilung

KONFERENZ:
: Tagung, Treffen, Sitzung, Kongress, Meeting

KONSEQUENZ:
: Ausgang, Wirkung, Folge, Ergebnis

KREATIV:
: schöpferisch, gestaltend, fantasievoll, einfallsreich, produktiv

KREDIT:
: Anleihe, Darlehen

KRITIK:
: Urteil, Besprechung, Meinung, Einspruch, Bewertung, Unterscheidung

LEISTUNG:

Erfüllung, Verrichtung, Vollendung, Ergebnis, Tat

LOB:

Anerkennung, Würdigung, Auszeichnung, Zustimmung, Beifall

LOGIK:

Urteilskraft, Denkvermögen, Geradlinigkeit, Abstraktionsvermögen, Begrifflichkeit

MACHT:

Einfluss, Geltung, Ansehen, Stärke, Durchschlagskraft, Bedeutung, Status

MANAGEMENT:

Unternehmensführung, Führungskräfte, Leitungsebene, Geschäftsleitung

MEDIEN:

Kommunikationsmedien, Printmedien, Film, Funk, Fernsehen, Internet

MEETING:

kleine Versammlung, Zusammenkunft, Treffen, Begegnung, Meinungsaustausch

MEINUNG:

Annahme, Ansicht, Standpunkt, Denkweise, Vorstellung, Ausdruck

METHODE:

Art, Vorgehensweise, Ordnung, System, Schema

MOTIVIEREN:

anregen, ermuntern, ermutigen, beleben, begeistern, animieren

MUT:

Courage, Kühnheit, Überwindung, Entschlossenheit, Unerschrockenheit, Wagnis

NIEDERLAGE:

Absturz, Verlust, Ergebung, Kapitulation, Misserfolg, Schaden, Zerfall

NOTWENDIGKEIT:

Erfordernis, Dringlichkeit, Zweckmäßigkeit, Gebot, Absicherung

NUTZEN:

Erwerb, Gewinn, Ausbeute, Verwertung, Brauchbarkeit, Vorteil

OPTIMISMUS:

Erwartung, Enthusiasmus, Hoffnung, Zuversicht, Vertrauen, guten Mutes sein

ORDNUNG:

System, Regel, Folge, Schema, Ausrichtung, Zusammenstellung, Plan

ORGANISATION:

Gesellschaft, Aufbau, Zusammensetzung, Verband, Vereinigung, Leitung

PERFEKT:

anstandslos, optimal, komplett, vollkommen, makellos, fehlerfrei

PFLICHT:

Erfordernis, Gebot, Forderung, Erwartungshaltung, Verpflichtung, Verantwortung

PREIS:

Wert, Geldwert, Marktwert, Auszeichnung, Kurs, Bemessung, Betrag

PUBLIKUM:

Leute, Öffentlichkeit, Zuhörer, Zuschauer, Auditorium

RECHT:

Anrecht, Befugnis, Ermächtigung, Konzession, Gesetz, Privileg

REFORM:

Erneuerung, Umgestaltung, Aufbau, Verbesserung

RESPEKT:

Achtung, Wertschätzung, Ansehen, Auszeichnung

RISIKO:

Gefährlichkeit, Glücksfall, Zufall, Wagnis, Kühnheit

SCHULDEN:

Rückstand, Verpflichtung, Geldnot, Aufschub, Darlehen, Anleihe, Ausstand

SCHWIERIGKEIT:

Hindernis, Enge, Zwangslage, Umstand, Bedrängnis, Komplexität, Dilemma

SICHERHEIT:

Schutz, Gefahrlosigkeit, Unverwundbarkeit / Garantie, Pfand, Bürgschaft

SIEG:

Erfolg, Preis, Leistung, Anerkennung, Eroberung, Ergebnis

SPEKULATION:

Absicht, Erwartung, Einschätzung, Kalkulation, Berechnung, Wagnis

STREIT:

Auseinandersetzung, Missverständnis, Zank, Reibereien, Spannung

STRESS:

Schnelllebigkeit, Atemlosigkeit, Tempo, Zeitdruck, Raserei

TAT:

Ausführung, Handlung, Bewerkstelligung, Bearbeitung, Unternehmung, Arbeit

THEORIE:

Annahme, Hypothese, Idee, Plan, Konstrukt, Konzept

TRADITION:

Überlieferung, Mode, Brauch, Rückschau, Vergangenheit, Geschichte

TÜCHTIGKEIT:

Fleiß, Ehrgeiz, Fähigkeit, Fertigkeit / motiviert, planvoll, überlegen

ÜBERZEUGUNG:
: Ansicht, Meinung, Erkenntnis, Grundsatz, Urteil, Einstellung

ÜBUNG:
: Training, Wiederholung, Erfahrung, Routine

UNABHÄNGIGKEIT:
: Freiheit, Beweglichkeit, Flexibilität, Emanzipation, Freiraum

UNTERGEBENER:
: Mitarbeiter, Gehilfe, Abhängiger, Arbeitnehmer, Ausführender

UNTERNEHMER:
: Manager, Geschäftsführer, Kaufmann, Händler, Selbstständige

VERANTWORTLICH:
: haftbar, gewissenhaft, zuverlässig, pflichtbewusst, zuständig, schuldig

VERHANDELN:
: anbieten, auseinander setzen, vermitteln, beratschlagen, einigen, besprechen

VERKAUFEN:
: abgeben, absetzen, abstoßen, veräußern, liefern, vertreiben, auf den Markt bringen

VERTRAG:
: Festsetzung, Kontrakt, Abmachung, Übereinkommen, Bündnis, Vereinbarung

VORGESETZTER:

Chef, Boss, Leiter, Direktor, Geschäftsführer

WACHSTUM:

Anstieg, Erhöhung, Ausweitung, Expansion, Zunahme

WERBUNG:

Reklame, Marketing, Akquisition, Verkaufsförderung, Absatzförderung

WERT:

Bedeutung, Bemessung, Preis, Gewicht, Güte, Qualität, Standard

WIRTSCHAFT:

Markt, Finanzmarkt, Weltmarkt, Geschäftswelt, Ökonomie

ZEIT:

Augenblick, Moment, Zeitspanne, Zeitmessung, Zeitraum, Zeitabschnitt, Termin

ZIEL:

Ende, Endpunkt, Schluss, Zielgerade, Ziellauf, Ausgang, Abschluss, Endergebnis

ZUKUNFT:

Folgezeit, bevorstehende Zeit, Kommendes

Autorenverzeichnis

ARISTOTELES; griech. Philosoph,
384 - 322 v. Chr.
ARNIM, ACHIM VON; Schriftsteller, 1781 - 1831
ARNIM, BETTINA VON, geb. Brentano;
Dichterin, 1785 - 1859
AUGUSTA; dt. Kaiserin und
Königin von Preußen, 1811 - 1890
AUGUSTINUS, AURELIUS; abendländischer
Kirchenlehrer, 354 - 430
AUGUSTUS; erster röm. Kaiser,
63 v. Chr. - 14 n. Chr.
AUREL, MARC; römischer Kaiser, 121 - 180

BACON, FRANCIS; engl. Staatsmann und
Philosoph, 1561 - 1626
BALZAC, HONORÉ DE; frz. Schriftsteller,
1799 - 1850
BAUDELAIRE, CHARLES PIERRE; frz. Dichter
und Kritiker, 1821 - 1867
BEBEL, AUGUST; Politiker, 1840 - 1913
BEETHOVEN, LUDWIG VAN; Komponist,
1770 - 1827
BERNHARD VON CLAIRVAUX; frz. Ordens-
gründer, um 1090 - 1153
BIERCE, AMBROSE; amerik. Schriftsteller,
1842 - 1914

BISMARCK, OTTO VON; STAATSMANN,
1815 - 1898
BODENSTEDT, FRIEDRICH VON; Schriftsteller,
1819 - 1892
BÖRNE, LUDWIG; Schriftsteller und Kritiker,
1786 - 1837
BUSCH, WILHELM; Dichter, Maler und
Zeichner, 1832 - 1908
BUTLER, SAMUEL; engl. Schriftsteller,
1835 - 1902
BYRON, LORD GEORGE GORDON NOEL;
engl. Dichter, 1788 - 1824

CARLYLE, THOMAS; schott. Schriftsteller,
1795 - 1881
CHAMFORT, NICOLAS; frz. Moralist,
1741 - 1794
CHAMISSO, ADALBERT VON; Dichter,
1781 - 1838
CHESTERFIELD, LORD PHILIP D.; engl. Staatsmann und Schriftsteller, 1694 - 1773
CHESTERTON, GILBERT KEITH; engl.
Schriftsteller, 1874 - 1936
CHRISTINE VON SCHWEDEN; Königin von
Schweden, 1626 - 1689
CHURCHILL, SIR WINSTON; engl. Staatsmann,
1874 - 1965
CICERO, MARCUS TULLIUS; röm. Staatsmann
und Schriftsteller, 106 - 43 v. Chr.
CLAUDIUS, MATTHIAS; Dichter, 1740 - 1815
CLAUSEWITZ, CARL VON; Militärtheoretiker,
1780 - 1831

DANTE ALIGHIERI; ITAL. DICHTER,
1265 - 1321
DEMOKRIT; griech. Philosoph,
470 - um 380 v. Chr.
DEMOSTHENES; griech. Staatsmann und
Redner, 384 - 322 v. Chr.
DESCARTES, RENÉ; frz. Philosoph, 1596 - 1650
DICKENS, CHARLES; engl. Schriftsteller,
1812 - 1870
DIDEROT, DENIS; frz. Philosoph, 1713 - 1784
DIOGENES; griech. Philosoph,
um 400 - um 325 v. Chr.
DOSTOJEWSKIJ, FJODOR MICHAILOWITSCH;
russ. Schriftsteller, 1821 - 1881
DROSTE-HÜLSHOFF, ANNETTE VON;
Dichterin, 1797 - 1848
DÜRER, ALBRECHT; Maler und Zeichner,
1471 - 1528

EBNER-ESCHENBACH, MARIE FREIFRAU VON;
österr. Schriftstellerin, 1830 - 1916
ECKERMANN, JOHANN PETER; Schriftsteller,
1792 - 1854
EDISON, THOMAS ALVA; amerik. Erfinder,
1847 - 1931
EICHENDORFF, JOSEPH FREIHERR VON;
Dichter, 1788 - 1857
EMERSON, RALPH WALDO; amerik. Philosoph
und Dichter, 1803 - 1882
EPICHARMOS; griech. Dramatiker,
um 550 - um 460 v. Chr.
EPIKTET; griech. Philosoph, 50 – 125

EPIKUR VON SAMOS; griech. Philosoph,
341 - 270 v. Chr.
EURIPIDES; griech. Bühnendichter,
480 - 406 v. Chr.

FEUCHTERSLEBEN, ERNST FREIHERR VON;
österr. Arzt und Autor, 1806 - 1849
FEUERBACH, LUDWIG ANDREAS; Philosoph,
1804 - 1872
FICHTE, JOHANN GOTTLIEB; Philosoph,
1762 - 1814
FLAUBERT, GUSTAVE; frz. Dichter,
1821 - 1880
FOCK, GORCH; Schriftsteller, 1880 - 1916
FONTANE, THEODOR; Schriftsteller,
1819 - 1898
FORD, HENRY; amerik. Industrieller,
1863 - 1947
FRANKLIN, BENJAMIN; amerik. Staatsmann
und Philosoph, 1706 - 1790
FRANZ VON ASSISI; ital. Ordensstifter,
1181/82 - 1227
FRIEDRICH DER GROSSE; König von Preußen,
1712 - 1786

GEIBEL, EMANUEL; Dichter, 1815 - 1884
GELLERT, CHRISTIAN FÜRCHTEGOTT,
Dichter, 1715 - 1769
GLADSTONE, WILLIAM EWARD; engl. Staats-
mann, 1809 - 1898
GLUCK, CHRISTOPH WILLIBALD VON;
Komponist, 1714 – 1787

GOETHE, JOHANN WOLFGANG VON; Dichter,
1749 - 1832

GOGH, VINCENT VAN; niederl. Maler,
1853 - 1890

GOTTHELF, JEREMIAS; schweiz. Schriftsteller,
1797 - 1854

GRABBE, CHRISTIAN DIETRICH; Dramatiker,
1801 - 1836

GRACIÁN Y MORALES, BALTHASAR; span.
Philosoph, 1601 - 1658

GRILLPARZER, FRANZ; österr. Dichter,
1791 - 1872

HAGEDORN, FRIEDRICH VON; Schriftsteller,
1708 - 1754

HEBBEL, CHRISTIAN FRIEDRICH; Dichter,
1813 - 1863

HEBEL, JOHANN PETER; Schriftsteller;
1760 - 1826

HEGEL, GEORG WILHELM FRIEDRICH;
Philosoph, 1770 - 1831

HEINE, HEINRICH; Dichter, 1797 - 1856

HERAKLIT; griech. Historiker, 576 - 480 v. Chr.

HERDER, JOHANN GOTTFRIED VON; Dichter
und Theologe, 1744 - 1803

HERODOT; griech. Geschichtsschreiber,
485 - 425 v. Chr.

HESIOD; griech. Dichter, um 700 v. Chr.

HEYSE, PAUL VON; Schriftsteller, 1830 - 1914

HIERONYMUS; lat. Kirchenvater, 345 - ca. 420

HILTY, CARL; schweiz. Jurist und Schriftsteller,
1833 - 1909

HIPPOKRATES; griech. Arzt,
um 460 - um 370 v. Chr.
HOFMANNSTHAL, HUGO VON; österr. Dichter,
1874 - 1929
HÖLDERLIN, JOHANN CHRISTIAN FRIEDRICH;
Dichter, 1770 - 1843
HOMER; griech. Dichter, um 750 v. Chr.
HORAZ; röm. Dichter, 65 - 8 v. Chr.
HUMBOLDT, WILHELM VON; Staatsmann und
Philosoph, 1767 - 1835
HUME, DAVID; schott. Philosoph, 1711 - 1776

JEAN PAUL; Dichter, 1763 - 1825
JEFFERSON, THOMAS; amerik. Staatsmann,
1743 - 1826
JOHNSON, SAMUEL; engl. Schriftsteller,
1709 - 1784
JOUBERT, JOSEPH; frz. Moralist und
Aphoristiker, 1754 - 1824
JUAN DE LA CRUZ; span. Kirchenlehrer,
1542 - 1591

KAFKA, FRANZ; Schriftsteller, 1883 - 1924
KANT, IMMANUEL; Philosoph, 1724 - 1804
KELLER, GOTTFRIED; schweiz. Schriftsteller,
1819 - 1890
KENNEDY, JOHN F.; amerik. Politiker und
Staatsmann, 1917 - 1963
KIERKEGAARD, SØREN; dän. Philosoph,
1813 - 1855
KLEIST, HEINRICH VON; Dichter,
1777 – 1811

KNIGGE, ADOLPH FREIHERR VON;
Schriftsteller, 1751 - 1796
KONFUZIUS; chin. Philosoph, 555 - 479 v. Chr.
KOTZEBUE, AUGUST VON; Dramatiker,
1761 - 1819

LA BRUYÈRE, JEAN DE; frz. Moralphilosoph,
1645 - 1696
LA FONTAINE, JEAN DE; frz. Fabeldichter,
1621 - 1695
LA ROCHEFOUCAULD, FRANCIS VI. DUC DE;
frz. Aphoristiker und Moralist,
1613 - 1680
LEONARDO DA VINCI; ital. Maler, Zeichner,
Baumeister, Dichter, 1452 - 1519
LESSING, GOTTHOLD EPHRAIM; Dichter und
Philosoph, 1729 -1781
LICHTENBERG, GEORG CHRISTOPH; Physiker
und Philosoph, 1742 - 1799
LINCOLN, ABRAHAM; amerik. Politiker und
Staatsmann, 1809 - 1865
LOCKE, JOHN; engl. Philosoph, 1632 - 1704
LOGAU, FRIEDRICH VON; schles. Dichter,
1604 - 1655
LUTHER, MARTIN; Reformator, 1483 - 1546

MACHIAVELLI, NICCOLÒ; ital. Politiker und
Geschichtsphilosoph, 1469 - 1527
MAHLER-WERFEL, ALMA; österr. Künstlerin,
1879 - 1964
MANSFIELD, KATHERINE; neuseeländ.
Schriftstellerin, 1888 - 1923

MARX, KARL; Philosoph und Nationalökonom, 1818 - 1883

MENANDER; griech. Komödiendichter, 342 - 291 v. Chr.

MICHELANGELO BUONARROTI; ital. Bildhauer und Maler, 1475 - 1564

MODERSOHN-BECKER, PAULA; Malerin, 1876 - 1907

MOLIÈRE; frz. Komödiendichter, 1622 - 1673

MOLTKE, HELMUTH GRAF VON; Generalfeldmarschall, 1800 - 1891

MONTAIGNE, MICHEL DE; frz. Essayist und Philosoph, 1533 - 1592

MONTESQUIEU, CHARLES DE SECONDAT BARON DE LA BRÈDE ET DE; frz. Philosoph, 1689 - 1755

MORGENSTERN, CHRISTIAN; Dichter, 1871 - 1914

MÜLLER, WILHELM; Dichter, 1794 - 1827

NAPOLEON BONAPARTE; frz. Kaiser, 1769 - 1821

NESTROY, JOHANN NEPOMUK; österr. Dichter und Schauspieler, 1801 - 1862

NIETZSCHE, FRIEDRICH WILHELM; Philosoph, 1844 - 1900

NIKOLAUS VON KUES; Theologe und Philosoph, 1401 - 1464

NOVALIS; Dichter, 1772 - 1801

OVID; röm. Dichter, 43 - 17 v. Chr.

PASCAL, BLAISE; frz. Philosoph, 1623 - 1662
PERIKLES; griech. Staatsmann, um ca. 500 - 429 v. Chr.
PESTALOZZI, JOHANN HEINRICH; schweiz. Pädagoge, 1746 - 1827
PETRARCA, FRANCESCO; ital. Dichter, 1304 - 1374
PLATEN, AUGUST GRAF VON; Dichter, 1796 - 1835
PLATON; griech. Philosoph, 427 - 347 v. Chr.
PLUTARCH; griech. Philosoph, 46 - 120
POLGAR, ALFRED; österr. Feuilletonist, Essayist, 1873 - 1955
PYTHAGORAS; griech. Philosoph und Mathematiker, 582 - 497 v. Chr.

RAABE, WILHELM; Schriftsteller, 1831 - 1910
RAIMUND, FERDINAND; österr. Schauspieler; 1790 - 1836
RANKE, LEOPOLD VON; Historiker, 1795 - 1886
RATHENAU, WALTHER; Staatsmann, 1867 - 1922
RENARD, JULES; frz. Schriftsteller, 1864 - 1910
REVENTLOW, FRANZISKA GRÄFIN ZU; Schriftstellerin, 1871 - 1918
RILKE, REINER MARIA; österr. Dichter, 1875 - 1926
ROOSEVELT, FRANKLIN DELANO; amerik. Staatsmann, 1882 - 1945
ROSEGGER, PETER; österr. Schriftsteller, 1843 - 1918

ROUSSEAU, JEAN-JACQUES; frz. Philosoph, 1712 - 1778

RÜCKERT, FRIEDRICH; Dichter, 1788 - 1866

RUSKIN, JOHN; engl. Schriftsteller, 1819 - 1900

SCHILLER, FRIEDRICH VON; Dichter, 1759 - 1805

SCHLEGEL, AUGUST WILHELM VON; Schriftsteller und Sprachwissenschaftler 1767 - 1845

SCHLEGEL, FRIEDRICH VON; Dichter und Kritiker, 1772 - 1829

SCHLEIERMACHER, FRIEDRICH ERNST DANIEL; Philosoph und Theologe, 1768 - 1834

SCHOPENHAUER, ARTHUR; Philosoph, 1788 - 1860

SCHUMANN, ROBERT; Komponist, 1810 - 1856

SENECA, LUCIUS ANNAES; röm. Philosoph, 4 v. Chr. - 65 n. Chr.

SEUME, JOHANN GOTTFRIED; Schriftsteller, 1763 - 1810

SHAKESPEARE, WILLIAM; engl. Dichter und Dramatiker, 1564 - 1616

SMILES, SAMUEL; engl. Sozialreformer, 1812 - 1904

SOKRATES; griech. Philosoph, 470 - 399 v. Chr.

SOPHOKLES; griech. Tragödiendichter, 495 - 406 v. Chr.

SPENGLER, OSWALD; Kulturphilosoph, 1880 - 1936

SPINOZA, BARUCH BENEDIKT DE; niederl. Philosoph, 1632 - 1677

SPITTELER, CARL; schweiz. Schriftsteller, 1825 - 1924

STEVENSON, ROBERT LOUIS BALFOUR; schott. Schriftsteller, 1850 - 1894

STIFTER, ADALBERT; österr. Schriftsteller, 1805 - 1868

SUTTNER, BERTHA VON; österr. Pazifistin, 1843 - 1914

SWIFT, JONATHAN; irischer Aufklärer und Schriftsteller, 1667 - 1745

TAGORE, RABINDRANATH; indischer Dichter und Philosoph, 1861 - 1941

TERENZ, AFER; röm. Komödiendichter, 185 - 159 v. Chr.

THOMAS VON AQUIN; ital. Theologe, 1225 - 1274

THOMAS VON KEMPEN; Mystiker, 1380 - 1471

THOREAU, HENRY DAVID; amerik. Schriftsteller und Philosoph, 1817 - 1862

TOLSTOI, LEO NIKOLAJEWITSCH GRAF; russ. Schriftsteller, 1828 - 1910

TWAIN, MARK; amerik. Schriftsteller, 1835 - 1910

VAUVENARGUES, LUC DE CLAPIERS, MARQUIS DE; frz. Moralist und Philosoph, 1715 - 1747

VERGIL; röm. Dichter, 70 - 19 v. Chr.

VISCHER, FRIEDRICH THEODOR; Philosoph, 1807 - 1887

VOLTAIRE; frz. Philosoph, 1694 - 1778

WAGNER, RICHARD; Komponist, 1813 - 1883
WALTHER VON DER VOGELWEIDE; Dichter, um 1170 - um 1230
WEBER, CARL MARIA VON; Komponist, 1786 - 1826
WEBER, KARL JULIUS; Schriftsteller, 1767 - 1832
WILDE, OSCAR; engl.-irischer Schriftsteller und Dramatiker, 1856 - 1900
WILDER, THORNTON; amerik. Schriftsteller, 1897 - 1975

YEATS, WILLIAM BUTLER; irischer Schriftsteller, 1865 - 1939

ZENON VON KITION; griech. Philosoph, um 336 - 264 v. Chr.
ZOLA, ÉMILE; franz. Schriftsteller, 1840 - 1902